내 마음에 핀 민들레

내 마음에 핀 민들레

김종민 수필집

수필과비평사

| 작가의 말 |

늦잠 든 아이를 어머니가 깨우듯 잠든 돌멩이는 흐르는 물이 깨우고 잠든 나무는 봄 햇살이 깨웁니다. 봄볕이 언 땅을 깨우고 잠든 절벽은 산사태가 깨웠지요, 아마.

차마 꺼내지 못해 오래 가두어둔 묵은 언어들이 내 영혼을 흔들어 일으켰습니다. 나를 흔든 언어들을 붙들어 더미 지었습니다. 더미 진 뒷모습이 간절한 채로 세상에 떠나보냅니다.

때때로 삶이 들끓어서 내 안의 언어들은 아우성치며 뒤섞이겠지요. 삶을 가지런히 가닥 잡으려면 언어들은 또 참견을 할 것입니다.

그리고 나를 건드릴 테지요. 그 생으로 저벅이는 언어들을 나는 고요히 품을 것입니다.

아직도 삶의 변두리를 배회하는 나는 쉬이 중단하지 못함을 예견합니다. 선뜻 진입할 줄 모르는 나를 항상 지켜봐 주는 사랑하는 가족과 나의 소중한 인연들에 감사합니다.

별이 되신 아버님과 얼마 전 별이 되어 아버님을 따라가신 어머님께 통곡으로 감사하며 이 책을 바칩니다.

2023년

봄

김종민

— 차 례 —

2부

우리는 인생의 조연이 되어가는 걸까

3부

내 마음에 핀 민들레

4부
어머님, 어머니, 어무이…

제 1 부

말이산 고분

어머니와 사랑방

남도 여행

봄은 왔건만

나의 시 나의 삶

말이산 고분

잡초

나팔꽃

소녀

지금 그곳엔

논배미 물꼬

눈 오는 날

◈ 어머니와 사랑방 ◈

산골 마을의 겨울은 사랑방에서부터 시작된다. 우리 집에는 아래채에 사랑방이 있었다. 여름철에는 거의 개점휴업 상태였다가 타작을 하고 나서부터 모여들기 시작하여 춥고 눈이 쌓이는 겨울에는 아주 붐볐다.

저녁밥을 먹고 나서 마을 동네 어른들이 "어흠, 어흠." 헛기침을 하며 모여든다. 짚 밑동을 메공이로 두들겨 검불을 털어내고 촉촉하게 물을 적셔 한 다발씩 들고 왔다. 희미한 등잔불을 가운데 놓고 두런두런 얘기를 나누며 새끼를 꼬고 망태며 멍석과 소쿠리와 짚신을 삼았다. 나도 가끔 그 틈에 끼여 달걀 바구니나 꼴망태를 만들었다.

그러나 짚일보다 봉산 할아버지 이야기 듣기를 더 좋아했다. 몇 번씩 들은 이야기라서 어느 대목에서 무릎을 칠 것인지, 헛기침이 나올 것인지 알면서도 수염 밑에 바짝 다가앉아 귀를 기울이곤 했다. "너는 서당에 가서 공부해야 돼. 사랑방이나 기웃거리다간 우리들처럼 똥장구 짊어지고 땅이나 파먹으며 살기 십상이여." 무식한 시골 노인들이 던진 말이 내 생애에 꿈이 되고 길이 되었다는 사실이 신기하기만 하다.

나는 일찍이 사랑방에 들락거린다고 하여 '생영감'이란 핀잔을 들으면서도 어른들 속에 끼여 있기를 좋아했다. 담배 냄새 머리 냄새 땀냄새 발꼬랑내 쇠죽 냄새 등이 합쳐져 머리가 아플 것 같은데도 사랑방에만 앉으면 푸근함을 느꼈다. 그 냄새도 오랜 세월이 지나고 보니 향수 어린 정다운 냄새로 다가온다.

또 사랑방 모퉁이에 큰 독을 놔두고 오줌을 받았다. 만약 자기 집에 가서 오줌을 누고 오다가 아버지에게 들키면 혼이 났다. "실컷 먹고 놀다가 자네 집에 가서 볼일 보고 오면 되는 거여?" "밖에서 놀다가도 볼일은 집에 와서 봐야 돼." 어려서부터 귀에 못이 박이도록 들은 말이다. "세 살 버릇 여든까지 간다."고 지금도 집에까지 담고 오는 경우가 많다. 비료가 귀하던 때여서 똥오줌까지도 버릴 것 없이 소용되는 거름이었다.

어릴 적엔 지금보다 더 춥고 눈도 많이 내렸다. 초가지붕엔 눈이 쌓이고 동화 나라처럼 밤은 깊어만 갔다. 배꼽시계가 종을 치기 시작하면 어머니는 밤참으로 고구마나 감자를 쪄서 소쿠리에 담고 얼음이 동동 뜬 동치미를 양푼에 담아 내오셨다. 그때처럼 동치미를 맛있게 먹어 본 적이 없다. 어떤 날은 옥수수나 보리개떡이 나오기도 했다. 긴긴밤 사랑방 간식거리는 어머니가 도맡아 가져오셨다.

동네에 제사가 있는 날은 단자로 때웠다. 어머니는 밤참 메뉴표를 짜놓고 계셨던 것 같다. 동네의 제삿날은 물론 생일까지 기억하셨던 것은 말할 필요가 없다. 제삿날에는 제사를 지내고 맨 먼저 어른들이 모이는 사랑방에 떡과 나물, 식혜에 술을 곁들여 가져왔다. 몇 달 전부터 사랑방 달력에 표시해 놓고 기다리는 중요한 행사가 단자였다.

단자를 가는 것도 보내는 것도 당연하고 으레 주고받는 즐거움이 있었다. 모처럼 목구멍의 때를 벗기는 날이다. 단자에서 안방마님의 음식 솜씨는 물론 그 집의 인심을 엿볼 수 있다. 우리 집 제삿날에 어머니는 "제사는 산 사람들의 잔치인 것이여." 하며 제사상

보다 단자 보낼 음식을 먼저 챙겨 놓으셨다. 서당에서나 청년들의 모임에서 담장 너머로 바구니를 던져 놓고 "단자요!" 외치면 음식을 골고루 담아서 건네주었다.

청년들은 단자도 모자라서 닭서리까지 했다. 대부분 거기에 모인 사람 중에 자기 집 닭을 서리해 오는 것이 보통이었다. 닭장의 위치를 잘 알뿐더러 씨암탉을 남겨 놓아야 뒤탈이 적기 때문이다. 나도 우리 집 닭서리에 앞장섰지만 어머니는 다음 날 아침에 닭을 세어 보시고 "니놈의 짓이재." 하며 주먹으로 혼내는 시늉만 했지, 할머니에게 일러바치지는 않으셨다.

사랑방에 밤참을 내오던 어머니도 고향을 떠나고 그때 비좁은 방에서 굴비엮음같이 가지런히 누워 코를 골던 남정네들도 대부분 고향 뒷동산에 묻혔다. 살아 있는 몇 분도 팔다리를 제대로 못 쓰거나 고향을 떠난 지 오래되었다. 이제 다시는 맡을 수 없는 먼 기억 속의 냄새와 주인 잃은 사랑방을 바라보며 추억을 더듬어 본다. 코에 훅 들어오던 그 사랑방 냄새는 이제 고향 냄새로 그립게 남아 있다.

◈ 남도 여행 ◈

쌀쌀한 봄바람을 맞으며 남도를 다녀왔습니다. 고속도로와 국도를 따라 구불구불 한나절을 넘게 달려 화순 운주사에 도착했습니다. 천불천탑은 눈보라와 비바람에 씻겨 하늘나라로 올라가고 얼마 남지 않은 불상과 탑들이 세월의 풍화를 견디고 있었습니다. 도선국사가 하늘 석공의 도움을 받아 하루낮과 하룻밤 사이에 천불천탑을 완성했다는 전설은 전설에 불과하다는 것을 당신은 금방 깨달았을 겁니다.

우리나라 산야의 명당자리마다 고즈넉이 자리 잡고 있는 절에 들어서면 저는 우선 마애불과 탑을 먼저 둘러봅니다. 부처의 가르침이나 경전을 배우려는 마음은 그렇게 많지 않았음을 고백합니다. 탑의 규모나 예술적인 가치를 보는 안목 또한 전혀 없습니다. 오직 마애불을, 저 탑을 모시고자 평생을 바쳐 돌을 끌어안고 쪼고 다듬으며 내리쬐는 햇볕을 껴안고 살았을 어느 이름 모를 석공의 마음을 헤아려 보고자 하는 자세뿐입니다.

운주사 천불천탑도 마찬가지였을 겁니다. 한 사람도 아니고 수십, 수백 명의 석공들의 손이 부르트고 깨시고 닳아 피 흘리면서 오로지 천불천탑을 완성하고자 애를 쓴 까닭은 이 나라에 부처님의 광명이 퍼지는 불교 국가를 건설하려고 했던 것은 아니라고 생각합니다. 단 한 가지 소원인 새로운 세상에 대한 열망 때문이었겠지요.

도대체 새로운 세상은 어떤 세상일까요? 새삼스럽게 설명드리지 않아도 당신은 잘 알 것입니다. 이 땅에 태어나 이 땅에서 숨쉬고 일하면서 살다가 다시 이 땅으로 돌아가는 나의 당신, 그리고 우리 민족들이 직업과 신분, 나이와 성과 체격에 상관없이 학력과 경력과 태어난 곳에 관계없이 똑같이 대우받는 평등한 세상일 것입니다. 어떤 높낮이도 허용하지 않는 바다 같고 강 같은, 물과 같은 세상을 원하지 않았을까 합니다.

우리 식구들은 깊숙이 허리 접어 절을 했습니다. 그 석공들의 마음으로 돌아가 차별 없는 세상에 대해 간절히 기도했습니다. 순간, 착각인지 모르겠지만 천 년의 풍우와 설풍에 씻긴 돌탑 버짐이 수많은 만다라로 피어나 꽃망울을 소복소복 내놓는 풍경을 보았습니다. 저 땀은 그때 도공들이 흘린 땀일 것이며 이 땅에 태어나서 사느라고 상처 입은 마음에서 흘린 핏방울로 생각했습니다.

이튿날 아침 일찍 광주 국립묘지를 찾았습니다. 하늘은 맑고 바람은 부드러웠습니다. 깨끗하게 정리된 신묘역을 천천히 둘러보고 자료실에 들러 사진과 비디오를 보았습니다. 이른 시간이라 사람들은 띄엄띄엄 있었지요. 삼십여 년 전 그날의 함성과 새로운 세상에 대한 노도 같던 불길이 우리의 관심사에서 멀어지고 잊히는 게 아닌가 하는 생각에 안타까움으로 착잡했습니다.

아무것도 모르는 딸아이는 자세한 설명에도 자꾸만 춥다고 제 어미의 품속으로 파고들었습니다. 무섭다며 토할 것 같다고 울먹였습니다. 시민들도 잘 알다시피 끝까지 도청을 사수하고 장렬하게 산화한 사람들은 그 잘난 똑똑하고 배운 사람들이 아니었습니다.

저 운주사 석공들처럼 이름 없는 이 땅의 희디흰 백성들이었습니다. 구두닦이 신문팔이 중국집 배달부 섬유공장 직공 농사꾼 막노동자 야간 학교 학생들이 대다수였습니다. 그들은 체계적인 공부는 하지 않았지만 알아차렸을 겁니다. 무엇이 잘못되었으며 그 잘못된 세상이 어떤 길로 가야 할지 몸으로 먼저 느꼈을 테지요.

딸아이의 등을 토닥거리며 구묘역까지 찬찬히 둘러본 뒤 김남주 선생께 인사하고 돌아오는 길은 따뜻했습니다. 생강나무가 노랗게 꽃봉오리를 터뜨렸고 진달래도 곧 피어날 기세였습니다. 저 아득하고 먼 어느 곳에서 나 다시 진달래로 피어 당신 가슴속에 살아났으면 하고 이미 고인이 된 사람들이 부르는 노랫소리가 들려오는 듯했습니다.

어여쁜 꽃이 폈다고, 따뜻한 봄이 왔다고 말을 하기에는 우리가 살고 있는 이 땅이 아직은 춥고 배가 고픕니다. 이라크 전쟁에다 북한 핵 문제며 대구 지하철 참사까지 겹쳐 나라 안팎이 어수선합니다. 이럴 때일수록 천 년 전 운주사 석공들과 팔십 년대 광주 시민들을 떠올립니다.

봄은 기다리는 사람에게 그냥 공짜로 오는 법이 아니지요. 아프게 앓고 슬프게 참고 피 흘리면서 싸운 사람들에게만 오는 것임을 새삼 깨닫습니다. 들녘에 향불 사르는 연기처럼 아지랑이가 어른거립니다. 아지랑이 속으로 당신이 환하게 웃음 짓고 달려오는 모습이 보입니다. 종묘 공원과 광화문, 시청 앞을 바쁘게 뛰어다니며 반전과 평화를 위해 싸우는 당신 모습도 함께 말입니다.

국립묘지 사진 자료실 입구에 쓰인 글을 당신께 전하면서 오늘은 여기서 인사드립니다.

"진실은 말하지 않고 과거를 기억하지 못하는 역사는 되풀이 된다."

당신의 답장을 기다리겠습니다.

내내 평안하시길 빕니다.

◈ 봄은 왔건만 ◈

거짓말처럼 한 세상이 사라졌다. 그리고 남아 있는 사람들에게 봄이 왔다. “연분홍 치마가 봄바람에 휘날리더라” 같은 그런 봄이면 얼마나 좋겠는가. 그 봄이 아니었다. 몇 번 눈이 내리고 그 눈이 진눈깨비로 바뀌었다가 다시 비가 오고 꽃망울 움츠러드는 찬비가 내린 다음에도 몸살과 감기와 코피와 함께 봄이 왔다.

늘 그렇지만 봄은 앓고 있는 사람에게 먼저 온다. 아지랑이 피어오르는 봄 언덕에 누워 눈 가늘게 뜨고 봄 구름을 보노라면 어디선가 산비둘기가 구슬피 운다. 한 세상이 연기처럼 사라졌는데도 봄은 왔다.

그때도 봄이었으되 차림은 한겨울 노동자 차림으로 청라저수지 옆의 선생님 작업실을 찾아갔다. 오후의 알맞게 데워진 햇볕이 작업실 앞 텃밭에 내려앉아 있었다. 선생께선 보드라운 봄 쑥을 뜯고 계셨다. 직접 심었다는 매화나무와 소나무 가지가 선생님 머리카락과 함께 흔들리는 것이 보였다.

"거, 공공 근로 안 하고 뭐하러 여기 왔습니까?" 힐끗 일별하시곤 다시 쑥을 뜯고 양수기를 덮어씌운 짚을 정리하고 태연하시다. 송구스러워 주춤주춤 곁에 앉아 쑥을 캐고 있자니 사모님께서 한마디 거드신다. "이이는 참, 선생님 뵙겠다고 오셨잖아요?" "볼 게 뭐가 있어 있기는. 하루 쉬면 일당이 얼마인데 그 돈, 누가 땅 판다고 나오나." 계속해서 핀잔을 주셨다.

환대는 바라지 않았지만 쓴 소주라도 한 잔 주시겠지 하고 들른 길이라서 가슴이 덜컥 내려앉았다. 소 닭 보듯 하실 줄 꿈에도 몰랐다. 저렇게 무섭게 쌀쌀맞은 분이라면 다시는 찾아뵙지 말아야지. 똥 눌 곳을 찾지 못해 낑낑거리는 강아지처럼 한참을 뭉그적거리고 있는데 비로소 일손을 끝내고 몸을 일으키셨다. 흙 묻은 신발을 탈탈 털고 제각기 거실에 앉았다.

간단한 차와 과일이 나왔지만 시도 때도 없이 갈증에 시달리고 있던 젊은 육신들이었다. 아까부터 거실 벽에 붙여져 주르르 늘어선 각종 과실주가 선생님 말씀보다 더 귀에 밟힌다. 우리는 자주 찾아온다고 혼나더라도 언제 달빛 좋은 날 밤에 와서 깨끗이 비우고 가리라 하고 눈여겨 두었었다.

선생께서는 문학에 대한 말씀보다는 내 호구지책에 대해 자꾸 물어보신다. 어느 것 하나 똑바로 정리하지 못해 뒤죽박죽인 채로 이끌려온 삶에 대한 또 다른 질책이셨다. 얼버무릴수록 매서운 채찍이셨다. 나는 고개도 못 들고 반쯤은 웃고 반은 거짓말하느라고 허둥거렸으며 같이 동석한 친한 지인들도 구석으로 무춤무춤 물러나 앉아 있었다.

어느덧 해는 서쪽 바다로 잠겼다. 드디어 붉은 얼굴을 가릴 수 있겠구나. 술시가 되었어. 술은 모든 것을 덮어두지. 그까짓 부끄러움쯤이야 한순간 타올랐다 꺼지는 노을 정도밖에 되지 않겠지. 술은 부드러웠다. 오직 주름 잡는 건 좌중을 압도하는 지인들의 노랫가락과 박장대소였다.

이미 몇 순배 술잔에 인자한 웃음을 보인 선생께서는 우리의 권유에 거듭 소주잔을 비웠으므로 지인들이 노래를 들고 나왔을 때는 크게 웃을 준비를 하고 계셨다. 우리들은 그때, 선생님의 크게 벌린 입과 가지런한 치아와 가장 크게 웃으시던 웃음소리를 기억한다. "크흐흐. 저, 물건, 진짜 물건이구먼." 박수를 아끼지 않으며 옛날 노래를 답가로 서너 곡이나 부르셨다. 그렇게 밤이 깊었다. 파도는 잠이 들고 바람은 어디론가 쉬러 갔으며 빗방울도 떨어졌던 것 같다.

우리는 있는 힘껏 취했다. 노래방에 갔고 포장마차에도 들렀으며 캔맥주를 사서 백사장에 눕기도 했다. 이 모든 게 처음 받은 인상과 다르게 따뜻하고 인자하며 부드럽게 젊은 것들의 술주정을 받아 주신 선생님의 너른 품 때문이었다. 왕소나무처럼 든든하게 서서 철없는 것들의 치기를 너끈히 감당해 주신 바다같이 깊은 가슴 덕분이었다.

파도가 잠잠해지듯 밤들어 흩뿌리던 빗방울이 잦아들듯 필름이 끊어졌다. 새벽이었다. 머리맡에 큰 파도 소리가 공명판이 되어 규칙적으로 들렸다. "어이쿠, 이거 술김에 또 실수한 거 아닌가." 지레 겁먹어 황급히 깨어 일어났더니 사위는 고요하고 코 고는 소리들만 요란했다. 제가끔 웅크렸거나 큰대자로 뻗었는가 하면 모로 쓰러져 정신없이 자는데 아뿔사! 창가에 고목처럼 가부좌 틀고 선생께서 앉아 계셨으니 새벽 담배 냄새가 쌉싸름했다.

무슨 말씀을 하셨던가. 허구한 날 싸구려 술로 좋은 몸뚱이 망가뜨리지 말고 술도 안주도 질을 높여 삶의 질을 높이라고 말씀하셨던가. 세 살 술버릇 여든까지 간다고 술버릇 좋은 친구를 사귀라고 술버릇 나쁜 개망나니 곁에는 절대로 가지 말라고 당부하셨던가. 글 쓰는 데에 무거운 책임을 가지라고 장난치듯 가볍게 쓰지 말라고 자기 이름을 달고 나온 글은 죽은 다음에도 책임을 져야 하니 진지하게 다가서라고 말씀하셨던가. 파도 소리와 함께 비몽사몽간에 들은 선생님 말씀은 한 귀로 듣고 흘려버리고 말았다.

왜냐하면 새벽인데도 줄담배를 태우시며 자꾸 앞바다를 바라보시던 선생님의 무른 눈 때문이었다. 말씀을 하시면서도 시선은 바다에 두셨다. 그래, 저 바다가 선생님의 셋째 형님을 산 채로 삼켰지. 몹쓸 세월이 앗아갔지. 셋째 형뿐인가. 둘째 형님과 아버지는 굴비처럼 엮여 총살을 당하셨지. 아들과 손주를 먼저 보낸 통한의 세월을 근근이 버틴 할아버지도 한국 전쟁이 나던 그해 돌아가셨지. 삼 대에 걸친 네 분 혈육을 먼저 보낸 선생의 심정은 어떠했을까.

아무 말씀도 없이 허허롭게 담배연기를 뿜어내며 바다만 물끄러미 바라보던 선생의 물기 젖은 눈을 더는 쳐다볼 면목이 없었다. 그러고도 여러 번 봄이 왔지만 선생께서 염려하신 삶의 주름은 제대로 펴지질 않았다. 공공 근로뿐 아니라 그보다 더한 일을 해도 막막하기만 했다.

그런 중에 1980년 결혼식 이후에 처음으로 양복을 입은 날이 었다. 그날 행사의 주인공이었지만 데려온 자식처럼 어색해 자꾸 구석으로 숨고만 싶었다. 넥타이가 올가미가 되어 조여 오는 것처럼 느껴졌다. 능수버들이 곱다랗게 빗질하고 봄을 맞이한 바로 뒷날이었지 싶다. 맥주를 한 잔 가득 올렸더니 "허허, 재벌집 사촌 같은 놈, 마누라는 잘 얻었구먼." 풍운 선생은 뒤풀이 자리가 펼쳐진 인사동 술집에서 늦게까지 후배들과 술잔을 나누셨다.

진정으로 남의 일을 내 일처럼 슬퍼하고 기뻐하셨다. 문단에서 애경사 챙기는 일과 궂은일에 서슴없이 나서는 것과 술주정 받아 주는 일에 풍운 선생보다 더한 분은 없다. 선생께서는 맨 밑바닥보다 더 아래에 계시려고 하며 항상 겸손하셨다. 새까만 후배에게도 하대하는 법이 없었다.

그렇게 올곧고 온화한 품성으로 사셨다. 함부로 치우치지 않고 중도로 중립을 견지하셨다. 낮은 데서 살아가는 사람들에게로 눈길을 돌리셨다. 남과 다투는 일이나 욕심을 내어 경쟁하는 일을 싫어하셨다. 어려운 사람들을 보면 그냥 지나치지 못하셨다. 특히 어려운 문인들을 위한 복지 문제와 삶의 질 향상에 깊이 고민하셨다.

풍운 선생을 아는 문인들은 우선 그 유창한 문장에 감복한다. 힘없고 백 없고 가진 것 없는 갑남을녀들이 주인공이 되어 입심을 발휘하는 선생의 칼럼은 우리에게 카타르시스를 주었다. 힘 있고 가진 거 많고 잘났다고 으스대던 놈들에겐 통쾌한 산문으로 카운터펀치를 날렸다. 사람 하나를 옆에 세워놓고 손금 들여다보듯 자세하게 그려내는 묘사는 대단했다.

책을 낼 때 선생님의 평을 받는 것이 평생소원인 작가들이 많았다. 공공 근로자든 지인들이든 지금 이 글을 쓰는 나조차도 첫 수필집을 낼 때 선생님의 축문을 받을 수가 있었으니 복을 받았음이 틀림없다.

문단 말석에 이름을 올려놓은 지 십 년이 되어가도 셋방을 전전하던 내게 "시인 말고 그밖에 다른 무엇 하나는 더 되어야 비로소 삶이 풀릴 것 같은 느낌이다."라고 나를 정면으로 보시며 예언해 주셨다. 선생님의 말씀대로 시인 말고 다른 무엇 하나가 되었고 신문 연재까지 하게 되었다. 늘 만성 위염에 시달리는 선생께 겔포스 두 박스밖에 사 드린 적이 없는 내게는 소원이 하나 풀린 셈이었다.

위암 수술을 받고 누워 계실 때에도 못 찾아뵙고 수술 경과가 좋아 작업실에 내려오신 뒤에야 겨우 손두부 잘하는 집에 모셔서 식사 대접할 때에도 무슨 돈이 있어 계산을 했느냐고 핀잔을 줄 정도로 폐를 끼치는 것을 극도로 싫어하시던 양반이었다. 이제는 선생님께 가끔 식사 대접할 정도는 된다는 말씀도 드리지 못하고, 이제

포도주 한 잔도 못 드시는 선생님 얼굴을 뵙고 있으려니 괜히 죄송스럽고 안타까워서 어쩔 줄을 몰랐다.

이렇게 서둘러 가실 줄 알았으면 좀더 자주 찾아뵐 걸……. 그해 선생님은 손수 심어 놓은 작업실 앞의 뜰에 봄꽃이 피기도 전에 가셨다. 그나마 가시기 일주일 전에 병원에 올라가 선생님의 손이라도 만져본 것이 위안이라면 위안일까. 우리 지인 일행은 병원에서 나오자마자 가슴이 덜컥 내려앉고 다리가 풀려서 죄 없는 술을 맹물처럼 들이켰다.

서로 약속은 하지 않았지만 명절뿐만 아니라 시간 나는 대로 찾아뵙고 식사 대접이라도 하며 가까이에서 선생님 인품의 향기라도 가슴에 품고 싶었는데 이제 어디에도 안 계신다. 사람의 목숨은 하늘의 뜻이라고 했던가. 산천은 나날이 병들고 인걸은 간 데 없다.

세월처럼 무서운 게 없다. 세월은 사람도 쇳덩이도 녹인다. 한 세상이 사라진 뒤에도 또다시 봄이 왔다. 선생님과 함께 뛰놀던 왕소나무 밑에도 봄 냄새 향긋한 쑥이 나오고 꽃이 피었다. 지난겨울 눈 밑에서 흙을 덮고 잠자던 벌레들도 꿈틀댄다. 봄 숲속에는 나뭇잎보다 작은 우물이 있고 나뭇잎보다 작은 바다가 있다. 왕소나무를 흔들며 바람이 분다.

여느 때처럼 왕소나무 그늘 밑에 사람들은 옹기종기 모여 살고 있는데 정작 선생님은 가고 없다. 해마다 그때처럼 서럽고 아픈 봄은 왔다 가건만. 봄은 간다!

◈ 나의 시 나의 삶 ◈

나른한

아득한 봄날

우리는 양지바른 곳을 골라 그를 심었다

생의 곡예를

땀의 묘기를 보여 주고 있을 때

그 다시 진달래로

그 새로이 개나리로

그 거듭 민들레로

피어나길 간절히 바라면서
뜨뜻미지근한 우리들 일그러진 막노동 생애를
소주처럼 털어 넣었다
그는 우리들에게 모든 것을 알려 주었지
거푸집을 구축하는 법
수평과 수직을 정확하게 보는 법
무엇보다 사람 좋아하고 사랑하는 법
평생을 막노동판에서 일하다 결국
그 무대에서 쓰러진 행복하고 불행한 사람
나른한
아득한 봄날
추운 겨울 파카 속 우는 듯한 사진을
우리들의 마음 깊이 다시 한 번 비벼 넣으며
함안 여항산 고향 뒷산에
다독다독 그를 심었다
해마다 씀바귀로
해마다 냉이, 달래로
해마다 다북쑥으로
다시 돋아나라고

그의 딱딱한 흙 가슴을 열고
맑은 소주 한 잔을 고루고루 뿌려 주었다

— 〈스승 김인권 반장〉 전문

입동이 지나자 찬비가 내리고 바람이 쌀쌀하게 불었다. 다문다문 매달렸던 남은 잎새마저 다 떨어졌다. 가난한 사람들에게는 춥고 배고픈 겨울이 닥쳐오리라. 바람에 이리저리 쓸려다니는 낙엽을 보니 어쩔 수 없이 쓸쓸해진다.

그래도 저것들은 썩어 거름이 되어 내년 봄 고운 연두색 잎으로 환하게 돋아서 살아 돌아올 텐데……. 사람은 그렇지 않다. 그새 많은 세월이 흘렀고 존경하는 선배들을 많이 잃었다. 그곳은 얼마나 좋은 곳이기에 한 번 가면 다시는 돌아오지 않는다. 편지 한 장 없다.

십여 년 전 함안에 내려와서 한 삼 년간 막노동을 했다. 막노동판에서 땀을 참 많이 흘렸다. 원체 주변머리가 없는 고집불통에다 성질은 엽총 잘못 맞은 돼지 같아서 우회할 줄 모르던 나는 남들보다 두 배 이상 힘들게 일했다. 오로지 오기와 힘으로만 버텼다. 있는 힘껏 일하느라 주위에 동료가 있는 줄도 못 느낄 정도였다. 일이 아니라 한풀이를 하고 있었는지도 모르겠다. 몸을 혹사시켜야만 정신이 맑아졌다. 땀방울 하나 남아나지 않게 쥐어짜야 잘못 살아온 내 과거가 가벼워졌다.

어쩌다 공사장 주위를 한껏 화사하게 차리고 지나가는 사람들이 있으면 괜히 눈꼴사나워져 차마 입에 담지 못할 욕설을 내뱉을 지경이었다. 막노동판에는 자주 시비를 거는 동료가 있었다. 욱하는 성질에 한 방으로 갈비뼈를 박살내고 피범벅을 만들어 버리고 싶은 충동을 꾹 참았다. 절대 지지 않을 것 같던 해가 서쪽 바다로 숨고 나면 나는 술에 취해서 소금 서걱거리는 등덜미를 짊어지고 단칸방으로 기어들어 가는 한 마리 병든 개에 불과했다.

그해 봄날에도 오늘처럼 비가 내렸다. 비 오는 날이 공치는 날이라 돈 못 버는 설움보다 간만에 찾아온 휴식이 달아 이불 속에서 달콤한 낮잠에 빠져 있는데 누군가 문을 사정없이 두드렸다. 우리 목수 팀의 영원한 사부 김 반장님, 그가 우산도 없이 서 있었다. 오척 단신에다 억새 같은 머리칼에 쭉 찢어진 눈매와 길게 벋은 코밑의 두툼한 입술에다 진한 황토색 피부 그리고 먹줄 같은 눈동자로 방문 앞에 버티고 있었다. 나는 잽싸게 일어나 술상부터 차렸다.

김 반장님은 술에 관한 한 타의 추종을 불허했다. 누구보다 술을 좋아했다. 특히 막걸리를 좋아했는데 어떤 현장이든 아침에 나가서 하루를 채울 양의 막걸리 통이 없으면 미련 없이 못 주머니를 던지고 나왔다. 그렇다고 그가 형세 판단이 없는 고주망태인 것은 물론 아니었다.

기본적인 목수 일은 말할 것도 없고, 반장님을 사부님으로 모실 수밖에 없는 이유는 누구보다 일머리를 잘 알고 있기 때문이었다. 무엇보다 그는 앞에서 진두지휘하지 않았다. 늘 뒤에 있었다. 일에 소요되는 각 공정마다 패널이 몇 개 들어가는지 버팀목과 각종 자재가 얼마나 필요한지 정확하게 계산을 해서 맞추어 놓는 것이었다.

그러므로 기술자들이 밑에서 일하는 사람들에게 일일이 잔소리를 할 필요가 없었다. 서로 군말이 필요치 않았다. 이 공정에서 저 공정으로 넘어가는 단계마다 얼마나 호흡이 잘 맞는지 거의 예술에 가까웠다. 자신이 누구에게도 빠지지 않는 기술을 가지고 있으면서도 스스로 낮은 데로 내려온 사람, 그는 진정한 스승이었다.

반장님은 무척 나를 아껴 주었다. 성질 치미는 대로 일하는 나를 늘 친구로 생각하면서도 안타까워했다. 목수는 죽을 때까지 남의 집만 짓다가 정작 제 집은 못 짓는다면서 이런 일은 오래하지 말라고 말렸다. 젊어 한때 경험으로 삼으라고 충고했다. 빗줄기가 더 사나워졌고 한잔 더 하시라고 권했지만 사부는 황망히 떠났다. 우산도 뿌리치고 뒷모습을 보이며 표표히 사라졌다. 그리고 며칠 뒤

그는 세상을 떴다.

오랫동안 정신 병원에 있는 딸과 치매가 있는 아내와 지방 공무원으로 야간 대학에 다니는 아들을 두고 그는 현장에서 쓰러졌다. 사부와 우리가 증축 공사를 하던 의료원 영안실에는 이상한 슬픈 분노가 서려 있었다. 스승은 영정 사진 속에서도 겨울옷을 입고 있었다. 찰랑거리는 소주잔처럼 눈물이 흘러내렸다.

우리 목수 팀은 소주를 맥주 컵에 따라 연거푸 들이켰다. 슬픔과 분노로 벌겋게 날아오른 대못을 서로의 가슴에 대고 쾅쾅쾅 박아 댔다. 못은 구부러지지도 않고 들어갔다.

◈ 말이산 고분 ◈

참새 소리가 째륵째륵 난다. 밝고 힘찬 소리이다. 창밖이 훤해진다. 일 등으로 일어나는 동물이다. 나는 참새 소리에 머리도 기분도 맑아진다. 생명을 부른다고 할까? 잠자고 있던 나의 맥에 불이 붙는다. 벌떡 일어난다. 어디론가 가고 싶은 충동이 인다. 대강 옷을 갖추고 대문을 나선다.

상쾌한 아침에 골목이 훤하다. 양쪽에 자동차가 두 줄로 잠들어 있다. 그 사이를 경쾌한 걸음으로 걷는다. 사월 하순의 푸른 새잎들이 손짓을 한다. 그것 또한 참새 소리와 같은 생명의 표현이다.

잡다한 생각은 내려놓고 오롯이 자연에 취하고 싶다. 하늘에도 허공에도 보이는 것은 온통 자연뿐이다. 시골의 아담한 건물마저 자연의 일부로 보인다. 한길로 나가니 버스가 드문드문 다닌다. 두세 사람만 태운 채 텅텅 빈 버스가 와닥와닥 소리를 내면서 직무에 충실이다. 손님이 없어도 다녀야 하는 책임감이 있기에 사회는 질서를 유지한다.

어느새 머릿속에 생각들이 비집고 들어오려는 것을 쫓아낸다. 다시 감정을 제자리로 돌리면서 하늘을 본다. 광활하게 펼쳐진 넓은 하늘이다. 몇 억만 년 전부터 저렇게 열려 있는 파란 하늘 따라 가슴이 활짝 트여서 좋다.

자연에 몸과 마음을 맡기고 걷는 동안 말이산 고분에 왔다. 말이산 고분으로 들어가는 계단 위로 올라선다. 노인 한 쌍이 걷고 있다. 다정하게 손을 잡았다. 걷는지 섰는지 구별이 안 되었는데 가까이서 보니 할아버지의 걸음이 시원찮다. 다정했던 것이 아니고 노쇠한 몸이어서 고통을 감당하고 있었다.

눈을 돌리니 고분 안에 있는 나무가 싱싱하다. 열다섯 풋내기 소년이라고 할까. 어느 사이에 가지와 가지가 어우러져 잎이 깊었다. 어떤 명맥은 시들어가고 어느 생명은 새로 자라나고, 문득 두 삶의 중간에 끼어 있는 나를 발견한다. 보이지 않지만 고분의 흙 밑에는 이미 앞서간 천 년 전의 사람도 있다. 가면 오고 왔다가는 가는 생명의 순환 속에서 사람은 살아간다.

산책객의 줄에 끼어서 나도 걷는다. 노인과 여성들이 많다. 젊은 사람은 쌀 속의 뉘 정도이다. 어떤 사람은 앞사람을 추월하면서 빨리 걷고, 섰다가 가다가를 반복하는 사람도 있다. 인생의 한 장면이 펼쳐진 것 같다. 바쁘게 사는 사람은 나름으로 얻는 게 많다. 느리게 사는 사람은 그 느린 것에서 자기의 가치를 찾기도 한다.

반 바퀴쯤 갔을 때 나는 설치해 놓은 의자에 앉았다. 걷기보다 둘러보는 것이 낫다고 느꼈기 때문이다. 하늘과 구름, 허공과 도시와 그 속에서 온갖 동물들이 살고 있고 바람에 흔들거리는 나무들이며, 그래서 우주는 한결같다.

"자연은 영원하다."라고 한다. 자연이 끝없다면 그 속에 살고 있는 나 또한 시간을 초월할 것 아니냐고 옛날에 많이 생각했다. 오래 살고 싶었던 모양이다. 그런데 지금은 그런 관심이 없어졌다. 생각도 여러 번 반복하면 늙나 보다.

푸르스름하던 하늘이 차츰 밝아오고 구름도 떠다닌다. 곧 해가 솟아오를 것이다. 태양은 자연의 관리자이다. 높은 곳에서 작열하며 만물을 내리비춘다. 태양이 나타나면 생명이 있는 모든 것은 일어나고 서쪽 하늘에 들어가면 잠에 든다. 자연의 광대한 섭리 궤도를 새삼 느낀다.

하늘에서 땅 쪽으로 시선을 돌린다. 손을 잡고 걷던 두 노인의 걸음이 오십 미터쯤 진행되었다. 그렇게나마 손잡고 걸을 수 있는 일을 다행스럽게 생각할 것이다. 사위어가는 생명은 발밤발밤 걸으며 이 세상을 한 발짝씩 벗어나느라고 조심스럽다. 자연으로 돌아가기 위한 작업을 천천히 하고 있다.

얼마 전, 힘겨운 몸짓으로 다방에 온 칠십 대를 넘어선 할머니를 만난 적 있다. 두 달 만이라 했다. 그 할머니는 수필을 썼다. 나와 이야기를 나누다가 "내게 남은 아름다운 추억은 다방에서 커피를 마시는 일입니다." 했다. 세계를 이웃처럼 누비던 근사함도 나이 먹음에 따라 위축이 되고 집에서 마시던 커피가 다방에만 나와도 격조로 느껴진다고 했다.

멋은 겉에 있지 않고 마음에 있다. 그리고 아무리 대단한 운치도 스스로 느끼지 않으면 멋이 아닐 수도 있다. 나는 의자에서 몸을 일으킨다. 그동안 또 많은 생각의 포로가 되어 있었다. 비워야지, 다 비워 내야지. 완벽하게 비울 수 있다면 비로소 자유로운 영혼의 나는 해도 되고 나무도 되고 참새도 될 수 있을 것이다.

말이산 고분 능선에서 군청 청사와 소담한 함안의 시가지를 사랑스러운 눈빛으로 바라보면서 나의 마음을 추슬러 본다.

◈ 잡초 ◈

잡초란, 식물 가운데 나무와 곡식과 사람이 기르는 화초를 제외한 풀들을 이름하는 것이다. 우리 시골말로 표현한다면 '허틈사리풀'을 말한다. 그래서 더러는 잡초라는 말은 천한 것 막된 것 함부로 대할 것들을 대신해서 표현해 주는 비유 체계가 되기도 한다. 예를 들면 잡초 인생이라든가 잡초 같은 생활, 그런 말들이 그렇다. 그러나 잡초는 끈질기고 강한 생명력을 내포하는 말이기도 하다. 어쨌든 잡초는 우리 주변에 아주 많이 널려 있는 불특정 다수의 이름 없는 많은 풀들을 가리킨다.

뽑고 뽑아도 다시 돋아나는 풀, 잡초. 환경적 조건이 좋지 못한 곳에도 저희들끼리 뿌리내려 쑥쑥 자라나는 풀이다. 어떻게 보면 잡초는 고마운 존재인지도 모른다. 사람이 일부러 가꾸지 않아도 저절로 나서 자라 이 땅을 푸르게 만들어 주는 잡초야말로 지구를 꾸미고 가꾸는 파수꾼이요, 가장 부지런한 생명의 일꾼이라 할 수 있겠다.

잡초는 대단한 힘을 가졌다. 돌이나 시멘트 계단의 틈새라든지 아파트와 다리 등 그 어떤 건물의 갈라진 곳이거나 아스팔트의 금간 사이로도 온몸을 내밀어 자리를 잡고 분명하게 살아간다. 심지어 기와지붕의 기왓장 사이를 비집고 자라나는 것이 잡초가 아닌가.

꽃밭에 나 있는 강아지풀이나 쇠비름, 달개비 등은 마땅히 잡초다. 그런데 가끔 곡식밭에 난 코스모스나 분꽃 복숭아꽃 채송화 한두 송이를 볼 때가 있다. 풀밭 가운데 화초들이 홀로 나 있는 걸 보기도 한다. 이럴 때는 과연 무엇을 잡초라 할 것인가? 그렇다. 잡초 밭에 난 화초는 생뚱맞아 보인다. 꽃이 돋보여야 할 텐데 잘못 찾아온 것 같다. 외롭게 살아가는 이방인처럼 보인다. 어울리지 못하고 겉도는 화초가 외려 풀밭의 잡초 행색이 되어 있다.

세상의 일이란 이렇게 거꾸로 되는 때가 종종 있다는 걸 생각해 보면 재미가 있다.

◈ 나팔꽃 ◈

구세군의 자선냄비가 지하철역 만남의 광장에 등장했다. 바쁘게 잰걸음으로 서둘러 가는 사람들을 종소리가 짤랑짤랑 따라가고 있다. 나는 이 소리를 들을 때면 언제나 십이월임을 절감한다. 새삼스럽게 미처 못다 한 일들이 떠오르며 머릿속이 복잡하게 엉키는 것 같다. 나의 십이월은 이런 방식으로 다가오곤 했다. 뒤이어 이어지는 생각은 늘 반성과 후회의 연속이었다.

아쉬움이 그림자처럼 꼬리를 드리우며 묵은 해와 새해의 경계선에서 서성거렸다. 알뜰하게 채워지지 못한 내 삶의 뭉치는 찬바람을 타고 내 인생 어디쯤에 자리 잡곤 했다. 그렇게 보내는 세밑이었는데 올해는 좀 다르다. 지난여름부터 마음속에 나팔꽃을 키우고 있기 때문이다. 우리 집 뜰의 나팔꽃은 이미 오래전에 햇빛에 둘러싸여 튼실하게 꽃씨로 여물었지만 나의 나팔꽃은 지금 한창 줄기를 감아 올라가고 있다. 한겨울의 나팔꽃이다.

몇 해 전에 직장 후배인 김 선생이 나팔꽃 씨앗을 건넨 적이 있다. 집에 마당이 있으니 심어 보라며 까만 나팔꽃 씨앗들이 든 하얀 봉투를 내밀었던 것이다. 그는 꽃을 좋아하는 시인이다. 아파트에서 살기에 마땅히 심을 장소가 없어 우리 집 마당까지 떠올린 것이려니 생각했다.

시인다운 그 마음을 생각해서 길일을 택해 식목일에 꽃씨를 심기로 했다. "이곳은 햇빛이 안 들어 좋지가 않고, 저곳은 고양이가 잘 다니는 길이니 안 될 것 같고……." 막상 심으려니 어디에 심어야 할지 그것에서부터 갈등의 시작이었지만 마침내 햇빛이 잘 드는 사철나무 옆에 구덩이를 길게 파고 꽃씨를 뿌렸다. 부디 잘 크기 바란다고 혼자 중얼거리며 흙으로 덮어 주고 토닥토닥 두드려 주기까지 했다.

시간만 나면 들여다보고 물을 듬뿍듬뿍 주며 이제나저제나 나팔꽃 싹이 나오기를 눈이 빠지게 기다렸다. 그러나 그해가 다 가도록 꽃은커녕 새싹 구경도 못하고 말았다. 씨앗을 준 후배는 나를 볼 때마다 어찌되었느냐고 묻더니 일 년이 지나자 아예 궁금해하는 내색도 하지 않았다. 내가 제대로 심어 주지 못해 그렇게 된 것만 같아 당최 마음이 편치 않았다. 그가 묻지 않게 되면서 나도 어느새 나팔꽃의 존재를 잊었다. 올해 여름에 그 일이 생길 때까지는.

팔월의 어느 날 아침에 출근 인사를 드리는데 어머니께서 환하게 웃으시며 "아, 참. 너 그거 못 봤지?" 하시는 게 아닌가. 어리둥절해서 서 있는데 옆에서 딸애가 호들갑이다. "아빠, 나팔꽃이 피었어요! 언젠가 아빠가 심고 그렇게도 기다리던 그 나팔꽃 말이야. 어제 아빠 출근하신 뒤에 내가 우연히 발견했다는 거 아냐. 믿어져요? 내가 사진을 찍었어요."

뛰어나가 보니 정말 꽃송이 중앙에 흰 무늬가 든 남색 나팔꽃이 빵긋 웃으며 인사를 하고 있었다. 한 송이 두 송이 세 송이……. 사철나무 밑에서 위로 힘차게 팔을 벌려 아침 햇살을 껴안고 칭칭 감아 올라간 덩굴줄기를 따라 피어난 모습이라니. 잎이 세 갈래로 선명하게 갈라진 것으로 보아 틀림없는 나팔꽃이다. "어, 어 세상에!"

그리도 오랫동안 흙 속에 살다가 낭랑한 웃음처럼 태어난 생명의 비밀이다. 아, 이럴 수도 있구나. 생명이란 것은 암흑 속에 꽁꽁 갇혀서도 탄생을 준비하는 유쾌한 힘이로구나. 그 신비스러운 아름다움에 가슴이 벅차올랐다.

어머니가 천진한 아이 표정이 되어 말씀하셨다. "얘, 내가 어제 저 꽃을 보고 하루 종일 생각했다. 우리는 '나팔꽃'이라고 하지만 일본 사람들은 '아사가오'라고 하지. 우리는 나팔 모양처럼 생겼다고 붙인 이름인 것 같아. 그런데 일본말로 '아사'가 '아침'이고 '가오'가 '얼굴'이니, 뭐냐, '아침 얼굴'이란 뜻 아니니? 그 표현도 맞다 싶구나. 매일 아침이면 피어나는 아침 얼굴."

고관절 수술 이후 거동이 불편하셔서 심기가 언짢던 어머니께서 모처럼 생기 가득한 음성으로 나팔꽃에 대해 길게 말씀하시는 모습이 얼마나 즐거워 보이던지. 나팔꽃이 어머니께 소생의 힘찬 기운을 불어넣은 것 같아 더욱 반갑고 예뻤다. 목련 잎의 부채 바람을 맞으며 상큼한 얼굴로 안녕하세요? 하며 웃는 듯한 나팔꽃을 보니 맑은 시냇물 소리가 나의 온몸에 울려 퍼지는 것 같았다.

단풍이 붉게 타오르고 감나무 잎이 처지기 시작할 때 나는 꽃씨를 받았다. 내게 생명의 힘을 깨닫게 해 준 그 씨앗들은 긴 시간 내내 땅속에서 삶을 개척한 주인공들인 것이다. 씨방에 대여섯 개씩 들어 있는 씨앗들은 작지만 힘의 전사답게 딴딴하다.

이제 다시 내년 봄을 기다리고 있는 그들을 보면 일이 잘 안된다고 쉽사리 짜증을 낼 수도, 쉽게 포기할 수도 없을 듯하다. 시간이 오래 걸려도 적당한 시기가 되면 이루어질 것을 알게 되었기 때문이다. 요즘같이 세상살이가 바람 불고 추울 때라도 늘 상쾌하게 힘솟는 아침의 나팔꽃 같은 얼굴로 살고 싶다. 이런 마음으로 한 해를 보내고 새해를 맞이하면 내 마음엔 또 하나 신년의 나팔꽃이 생명력을 자랑하며 활짝 피어나지 않을까. 싱싱한 아침 얼굴로.

◈ 소녀 ◈

고갯마루턱에 방석 소나무가 하나 서 있다. 내겐 이 기형적으로 자라서 방석처럼 생긴 소나무가 언제나 반갑고 정겹다. 예까지 오면 거의 다 왔다는 생각에 마음이 홀가분해진다. 이 고개턱에서 보면 야트막한 산밑에 초가집들이 올망졸망 들어선 마을이 보이고 오른쪽으로 넓은 마당 있는 집이 내 진외가로 아저씨뻘 되는 분의 집이다.

나는 여름 방학이 되어 고향집에 내려오면 꼭 이 집을 찾았다. 여기에는 나보다 한 살 아래인 열네 살 난 누이뻘 되는 소녀가 있었다. 실상 촌수를 따져 가며 통내외까지 한 절척도 아니지만 서로 가깝게 지내는 터수여서 내가 가면 여간 반가워하지 아니했고, 으레 소녀를 오빠가 왔다고 불러내어 인사를 시키곤 했다.

소녀는 몸매며 옷매무새가 제법 색시꼴이 나기 시작했다. 그때만 해도 시골에서 범절 있다는 가정에서는 열 살만 되면 벌써 처녀로서의 예모를 갖추었고 침선이나 음식 솜씨도 쌓아 가는 준비를 했다.

집 앞에는 보리가 누렇게 익었고 들에는 일꾼들이 보리를 베고 있었다. 나는 사랑채에 들어가 어른들을 뵙고 수인사 겸 이런저런 이야기로 얼마간 지체한 뒤에 안채의 건넌방으로 안내를 받았다. 점심 대접을 하려는 것이었다. 사랑방은 머슴이며 일꾼들이 드나들고 어수선했으나 안채의 건넌방은 조용하고 깨끗했다. 방도 말끔히 치워져 있고 돗자리도 깔려 있었다.

아주머니는 오빠에게 나와서 인사하라고 소녀를 불렀다. 소녀는 미리 준비하고 있었던 모양으로 옷도 갈아입고 머리도 곱게 빗어져 있었다. 나도 옷고름을 다시 매만지며 대청으로 나가 인사를 했다. 지난해보다 훨씬 성숙해 보였다. 반쯤 닫힌 안방 문 사이로 경대와 반짇고리가 한편에 놓인 것이 보였다. 지금 막 건넌방에서 옮겨간 것이 틀림없었다.

아주머니는 일꾼들을 보살피러 나가면서 오빠의 점심을 대접하라고 딸에게 일렀다. 잠시 후 소녀는 노파에게 상을 들려서 왔다. 닭국에 말은 밀국수였다. 오이소박이와 호박눈썹나물도 곁들여 있었다. 상차림은 간소하지만 정갈했다. 소녀는 촌이라서 변변치는 못하지만 많이 들어 달라고 나직하고 친절한 목소리로 짤막한 인사를 남기고 곱게 문을 닫고 나갔다.

남창으로 등을 두고 앉았던 나는 상을 받느라고 돗자리 길이대로 자리를 옮겨 앉아야 했다. 맞은편 벽 모서리에 걸린 분홍 적삼이 비로소 눈에 띄었다. 곤때가 약간 묻은 소녀의 분홍 적삼을 나는 야릇한 호기심으로 자꾸 쳐다보지 않을 수가 없었다.

밖에서 수런수런하는 기색이 들렸다. 노파의 은근한 웃음 섞인 소리도 났다. 괜찮다고 염려 말라는 말 같기도 했다. 그러더니 노파가 문을 열고 들어왔다. 밀국수도 촌에서는 별식이니 맛없어도 많이 먹으라느니 너스레를 늘어놓더니 적삼을 슬쩍 떼어가지고 나가는 것이었다.

상을 내어갈 때는 노파 혼자 들어오고 당연히 따라들어올 소녀는 나타나지 않았다. 적삼을 들킨 것이 무안하고 부끄러웠던 것이다. 내가 나올 때 아주머니는 오빠가 떠난다고 소녀를 불렀다. 그러나 소녀는 안방에 숨어서 나타나지 아니했다. 아주머니는 "갑자기 수줍어졌니? 애도 새롭기는." 하며 미안한 듯 머뭇머뭇 기다렸으나 소녀는 끝내 나오지 않았다. 나올 때 뒤를 흘낏 훔쳐본 나는 숨어서 반쯤 몸을 가리고 내다보는 소녀의 뺨이 붉어 있음을 확연히 보았다. 그녀는 수줍었던 것이다.

발그레한 복숭아 같던 소녀와 분홍 적삼은 늘 내 가슴에 그리움으로 남아 있다.

◈ 지금 그곳엔 ◈

가슴속에 소중한 추억 하나쯤 담고 살아가는 사람은 행복한 사람이다. 고향이나 친구 혹은 첫사랑 같은 것이 반드시 고귀해야 한다는 법은 없다. 그러나 고향은 누구나 그리워하며 찾아가고 싶은 곳이다. 현실에선 고향이 있어도 갈 수 없는 사람도 많이 있다. 마음이 내키면 언제나 찾아갈 고향이 있는 사람은 따뜻한 위안 한 보퉁이 품고 사는 것이다.

나에게는 순박한 사람들이 옹기종기 살고 있는 무척 정이 가는 곳이 있다. 내 고향 함안군 아래에 있는 합천군 쌍책면이다. 면 소재지라기보다 한적한 시골 마을이다. 뒷산과 앞들 그리고 마을 옆으로 강이 흐르고 강을 에워싼 절벽이 천하절경인 그곳은 나의 영원한 고향이다.

가끔 낡은 앨범을 들여다본다. 나룻배 위에 한 청년이 아이를 안고 웃으며 서 있는 사진이다. 줄 나루 뒤쪽으로 깎아지른 절벽 위에는 빨간 배롱나무꽃이 만발해 한 폭의 동양화 같다. 머리에 파란 하늘을 이고 맑은 물에 발을 담그고 있는 절벽과 적벽강을 여기에 비하랴. 꽃잎이 뚝뚝 떨어지던 낙화암을 이곳에 비길 바가 아니다.

바랑 시인이나 세월을 낚는 강태공이라도 만나면 나루터 너럭바위에 털버덕 앉아 한잔 마시며 음풍영월을 하고픈 아름다운 곳이다. 노래에 맞추어 가야산에서부터 물길 따라 뗏목을 타고 내려오는 나그네 한 무리가 그려진다.

따스한 햇살 속에 아지랑이와 함께 자운영 새순이 막 돋아나는 춘삼월 호시절이었다. 내 인생에 꽃을 피우기 시작하던 삼십 대 중반이었다. 친구인 의사도 무의촌 근무를 위해 우리 부부와 함께 나섰다. 세 살배기와 생후 한 달밖에 안 된 아이 둘을 안고 합천군 쌍책면으로 향했다.

우리는 낯설고 물선 두메산골로 진주를 거쳐 여섯 시간 만에 그곳에 도착했다. 생전 처음 인사를 틔운 이웃집에서 그릇을 빌려 오고 소꿉장난하듯 신혼살림을 차렸다. 타향살이지만 우리만의 보금자리를 꾸미느라 집사람은 신이 나서 싱글벙글했다.

사람들이 순수하고 인심이 좋아 곧 이웃과 어울리고 적응이 잘 되었다. 그 고장 사람들은 치료비가 없으면 내 친구 의사 선생님에게 보리나 땅콩, 때로는 닭도 가지고 왔다. 의사 친구는 대구에서 고령을 거쳐 하루에 두 번 버스가 올 때만 잠깐 바쁘고 그 외 시간엔 강가에서 나하고 낚시를 하며 놀았다. 고기가 많아 한꺼번에 두 마리씩 건져 올릴 때도 있었다.

때론 동네 청년들과 밤이면 횃불을 들고 강물을 따라 올라가며 가장자리에서 잠자고 있는 고기를 뜰채로 떠서 담아 오기도 했다. 우리가 돌아올 시간에 맞추어 집사람은 라면을 끓이고 술을 준비해 놓았다. 우리는 별을 헤며 술잔 기울이기에 여름밤이 빨리 지나가는 것을 아쉬워했다.

웃지 못 할 에피소드도 있다. 산기가 있다는 연락을 받고 가방을 들고 왕진을 가는 의사를 따라간 적이 있다. 뜻밖에도 임부는 그 위급한 상황 중에도 "어떻게 외간 남정네께 안 보일 것을 보이무, 애를 놓을 수 있습니껴. 얼라를 노타가 주그믄 죽었제 그러케는 몬 하겠습니다." 하며 방문을 열어 주지 않았다. 그 집의 할머니는 안절부절못하고 방을 들락거렸다.

친구와 나는 마루에 앉아 신음 소리에 맞추어 같이 "끙, 끙." 힘을 쓰며 손에 땀을 쥐었다. 마침내 신생아의 고고지성으로 출산을 확인하고 돌아왔다. 왕진비를 받지 못했지만 조금도 서운하지 않았다. 요즘 배꼽을 내놓고 다니는 여성들을 볼 때면 새삼 그 시골 임산부가 촌스럽게 느껴지지 않는 것은 왜일까.

그곳 사람들은 장날이면 집을 보는 노인들과 아이들만 남겨 놓고 모두 장에 갔다. 곡식 돼지 강아지 닭 달걀 채소 등을 이고 지고 나룻배에 몸을 실었다. 의사 친구와 나는 아침밥을 먹자마자 나루터로 나가 줄을 당겨 장꾼들을 실어 나르기에 바빴다. 신기하고 재미있었다. 장꾼들이 거의 건넜다 싶으면 나는 자전거에 아이를 태우고 장터로 향했다. 기껏해야 간고등어나 갈치 몇 토막을 사 오겠지만 어려서 장터에 드나들던 생각이 나서 여기저기 기웃거리고 다녔다.

강은 물이 맑고 고기들이 노니는 것과 바닥에 하얀 모래가 보일 정도로 얕았으나 낙동강 상류라서 강폭은 꽤나 넓었다. 여름에 큰비가 오면 무엇이든 집어삼킬 듯 노도와 같이 거칠었다. 사공 할아버지는 강가 오두막집에서 삼 대째 사공 노릇을 하며 살고 있었다. 무척 친절하고 유순했다. 낯선 사람이 배를 타도 마을에 온 손님으로 여기고 뱃삯을 받지 않았다. 뱃삯은 가을에 가마니를 메고 동네를 돌면서 나락으로 한 말씩 거둬들인다고 했다.

그곳은 얼마나 어떻게 변했을까. 강물도 예전처럼 유유히 흐르고 있겠지. 인심은 옛날같이 후덕할까? 절벽엔 붉은 배롱나무꽃이 흐드러지게 피어 있으려나. 나룻배는 지금도 그때처럼 손님을 실어 나르고 있을까. 그 사람 좋고 순하기만 하던 등 굽은 뱃사공 할아버지는 건강하게 오래 사셨으면 좋겠다. 눈을 감으면 온 마을 할머니도 할아버지도 새색시까지 돼지와 닭이며 강아지를 이고 지고 선착장에 서 있던 모습이 선연하다. 첫사랑처럼 이토록 가슴속에 간직되어 있다.

그곳이 몹시도 그립다.

◈ 논배미 물꼬 ◈

아버지는 새벽마다 자전거 옆구리에 삽을 끼우고 물꼬를 보러 나가셨다. 풀잎 끝에 맺힌 이슬을 터는 새벽에 하루의 길을 내고 돌아오신 이른 아침이면 아버지가 토방에 내려놓는 건 풋고추 대여섯 개와 애호박 한두 개 정도였다.

아버지가 논에서 돌아오시는 소리는 우리들이 일어나야 하는 기상나팔 소리였다. 삐거덕거리는 대문 소리에 이어 자전거 부딪치는 소리를 뒤따르는 아버지의 헛기침 소리가 들리면 이불 속에서 게으름을 붙들고 있던 우리는 언제 잤었느냐는 듯 벌떡 일어났고 눈 깜짝할 사이에 가지런히 이불을 개고 방을 정리하였다.

동이 틀 무렵에 하루를 연 아버지가 물꼬를 보고 돌아와 아침 식사를 하는 시간에는 집안의 모든 것들이 정갈하게 정리되어 있어야 했다. 칫솔과 치약은 물론 수건도 제자리에 있어야 했고 안방과 윗방, 사랑방도 잔 흔적이 남아 있지 않아야 했으며 안마당과 바깥마당에는 빗자루질 흔적이 선명하게 나 있어야 했다. 형제가 많은 우리는 일을 분담하여 재빠르게 해치웠다. 내 몫은 안마당과 바깥마당을 쓰는 일이었는데 다 쓸어서 쓰레기를 삼태기에 담아서 버려야 하는 게 가장 싫은 일이었다.

하루를 그렇게 일찍 시작하시는 아버지는 저녁이 되면 독설을 뱉으셨다. “이놈의 세상은 언제쯤 잘살아 보려나.” 휜 등허리로 멍에처럼 짊어온 지게를 부려 놓는 저녁. 아버지의 구멍난 메리야스는 한숨에 절어 늘어졌고 희망으로 가득했던 지게 위에서 우수수 쏟아지는 것은 고단함이었다. 그래도 아버지는 다음날 새벽이면 자전거를 타고 나가 물꼬를 보셨으며 논배미를 한 바퀴 돌아오시는 목소리는 밝고 듬직했었다.

그런 아버지가 어머니 칠순 잔치를 하루 앞둔 날 쓰러지셨다. 갑자기 말이 어눌해지고 오른쪽 팔다리에 마비가 온 것이다. 우리는 급하게 아버지를 병원으로 모셨고 다음 날 어머니의 칠순 잔치는 예정대로 치러졌다. 그때 나는 아버지의 병실을 지키게 되었는데 환자복을 입고 누워 있던 아버지가 부스스 일어나시더니 주머니에서 종이쪽지를 꺼내셨다.

"나, 니 엄마 칠순 잔치 때 이 노래 부르려고 연습했는데……."

아버지가 내미는 쪽지에는 〈청춘을 돌려다오〉 노래 가사가 큼직하게 적혀 있었다. 타령조의 창밖에 모르시던 분이 노랫말이 적힌 쪽지를 내미셨다. 아버지의 얼굴에 계면쩍은 웃음이 쓸쓸히 지나갔다.

새천년이 온다고 떠들썩하던 2000년 연말에 아버지는 삼성병원 중환자실에 누워 계셨다. 우리 형제들은 중환자 대기실에 모여 보호자들이 호명될 때마다 제각각 상상력의 크기만큼씩 긴장을 했다. 누구는 영안실을 가고 어떤 환자는 일반 병동으로 가는 중환자 대기실, 희비가 엇갈리는 그곳에는 눈물겹고 가슴 아픈 사연들로 빼곡했다.

하루 두 번, 아침과 저녁으로 삼십 분씩 면회가 허락되는 중환자실엔 기계에 의존해 생명을 연장하고 있는 환자들의 모습은 사람의 형상이 아니었다. 아버지의 모습도 처참했다. 손목과 발목이 침대에 묶여 있고 입은 산소 호흡기를 꽂아 테이프로 붙여져 있었다. 팔도 다리도 입도 모두 결박당한 채 코로 영양을 공급받고 계신 아버지를 참으로 뵙기 민망하였다. 나는 아버지의 팔다리를 주무르면서 알아듣는지 못 알아듣는지 알 수 없는 아버지를 향해 "죄송해요, 죄송해요." 말만 계속했다.

그러던 어느 날이었다. 아버지는 당신 손바닥을 마사지하는 내 손을 잡으셨다. 나는 얼른 움직임을 멈췄다. 아버지께서 내 손바닥에 글씨를 쓰기 시작하셨다. 여기가 어디냐, 어느 과에 입원해 있느냐, 빨리 집으로 돌아가자 등등의 글을 쓰시는 아버지의 의식은 아주 선명하고 또렷했다. 나는 아버지의 궁금증을 해소해 드리기 위하여 그간의 일들을 사실대로 말씀드렸다.

내 설명을 들은 아버지는 집으로 가자고 하셨다. 나는 다시 아버지께 죄송하다는 말씀을 드려야 했다. 이대로는 모시고 갈 수 없는 상황이니 조금만 더 참아 달라고 사정했다. 위험한 고비를 넘겨야만 집으로 모실 수 있으니 힘드시더라도 감내해 달라고 간청을 했다. 아버지가 못 이기는 척 머리를 끄덕이셨다.

아버지와의 대화를 들은 중환자실 간호사는 "어머, 저 할아버지 글을 쓰시네." 하며 놀라는 눈치였다. 왜 이렇게 묶어 놓느냐고 항의를 했더니 환자가 산소 호흡기를 빼 버리므로 어쩔 수 없다는 것이었다. 수시로 위험한 상태에 닥치게 하므로 팔다리를 묶어 놓았다는 간호사의 설명을 듣는데 목이 메었다. 몸을 꼼짝도 할 수 없는 지경이 되어 의식만으로 간호사와 다툰 아버지는 기진맥진해 있었다. 또렷한 의식으로 산소 호흡기를 빼셨던 아버지는 그런 모양으로는 절대로 생에 매달리고 싶지 않은 당신의 의지였으리라.

아버지는 다행히도 보름간의 중환자실 생활을 마치고 일반 병동으로 옮기자마자 유언부터 하셨다. "앞으로 아무리 위험한 상황이 닥치더라도 나를 절대로, 절대로 중환자실에 보내지 마라." "중환자실은 인간 백정들이 있는 곳이다." 당신이 건강을 되찾아 퇴원을 하면 그들을 고발하겠다는 내용이었다.

당신의 인권이 존중되지 않는 공간, 당신의 의사가 통하지 않는 장소, 당신의 의지대로는 아무것도 할 수 없는 세계, 그곳은 또렷한 의식의 아버지께서는 견딜 수 없는 곳이었던 게 분명했다. 팔대 종손 무매독자로 태어나 어려서부터 대접받고 호령하며 살아오신 아버지께는 당신의 의사가 존중되지 않는 것은 견딜 수 없는 치욕이었을 것이다.

공부를 끝까지 하셨더라면 당신 인생이 좀 뚫렸을까. 할아버지께서 남긴 재산을 관리해야 한다고 공직에서 물러나셨다. 일을 할 줄 모르고 세상살이에 서툴러서 물려받은 재산을 없애기만 하셨다. 그래도 카랑카랑한 목소리는 줄어들지 않았고 아버지의 돈을 따르는 사람들은 돈줄이 마를 때까지 그 목소리에 맞춰 기꺼이 일

사불란하게 움직였다. 당당하게 내리던 호령의 익숙함이 남아 있던 아버지가 입도 손도 다리도 결박당한 채 의사 표현은커녕 말 한마디 못하고 견뎌야 하는 것은 당신의 생명과 바꿔야 할 만한 수모였던 것이다.

아버지는 중환자실에 계신 동안 당신께서 겪은 일들을 말씀하셨다. 꿈을 꾸었는데 내가 왕인 박사더라. 머리에 왕인 박사라고 쓴 모자를 쓰고 있더라. 그런데 군졸들에게 잡혀서 커다란 기둥에 묶여 매를 맞았다. 갑자기 비가 쏟아지자 나를 치던 군졸들이 도망가서 그 틈에 살아났다, 하며 아버지는 허허로운 웃음을 보이셨다. 아버지는 당신이 전혀 알지 못했던 왕인 박사를 꿈에서 보신 것이다. 기이한 꿈을 꾸신 것이었다.

나는 아버지께 왕인 박사에 대해 아느냐고 여쭤보았다. 아버지는 조선 왕조는 대략 알고 계셔도 삼국 시대는 잘 모르셨다. 백제 근초고왕 때 일본으로 건너가 천자문을 전해 준 학자가 왕인 박사라고 말씀드렸더니 그런 일이 있었느냐고 의아해하셨다. 그 이야기를 들은 뒤로는 신문이나 방송에서 왕인 박사에 대한 이야기가 나오면 나도 모르게 귀를 기울이게 된다.

병원에서 퇴원하여 집으로 돌아오신 아버지는 이별을 준비하셨다. 식사를 단호히 거부하여 이승을 떠나는 시기를 스스로 정하셨다. 이미 당신이 노환임을 아셔서 생명을 부지하는 일 따윈 말끔히 간추려 내셨다. 나는 자식을 부모의 병 치다꺼리로 고생시키지 않겠다는 단단한 결의와 아버지로서 자식에게 보내는 한없는 자애의 마음을 알 수 있었다.

그에 곁들여 아버지는 혹시 위급한 상황이 닥쳐 내가 더 살고 싶어 병원으로 가자고 하더라도 결단코 내 말을 들어서는 안 된다, 내 정신이 혼미해져서 하는 소리는 절대로 듣지 마라, 집에서 품위 있게 죽을 수 있도록 하라, 굳건하게 당부까지 하시며 당신의 일생을 결심대로 정리하셨다. 노쇠한 사람들이 흔히 그렇듯 조금이라도 더 살겠다고 매달리지도 애절한 표정으로 아쉬워하지도 않으셨다.

아버지는 의지가 그토록 강한 분이셨다. 그리고 한 달 뒤, 쓰러지신 지 석 달 만에 당신이 손수 지은 집의 안방 아랫목에서 큰아들 품에 안겨 운명하셨다. 아버지는 깨끗하고 조용히 떠나셨다.

"이제, 가야지. 그게 순리다. 짧은 이별이 좋은 거다." 하신 아버지가 내 아버지이지만 참 대단한 분이셨다. 당신의 생을 마감하는 자리를 스스로 매듭지어 정하셨다. 병원을 마다하시던 아버지의 싸늘하게 식은 몸을 닦아 드리며 나는 길고 긴 이별을 고해야만 했다.

어찌 이토록 마를 수가 있을까. 아버지의 몸을 닦고 앙상한 다리를 닦으며 성품만큼이나 예리하게 날을 세우고 있는 종아리뼈를 만져 보았다. 이렇게 가는 종아리로 그 무거운 멍에를 짊어지셨던가. 이 뽀얀 살결로 논두렁 밭두렁을 그리도 쉬지 않고 갈았단 말인가. 맨손으로 닦고 보듬어도 아버지는 기척이 없다. 온기가 사라진 살결은 나의 슬픔마저 전이되지 않는다.

동네 사람들의 흥성거림 속에서 아버지를 당신이 손질하시던 논배미가 바라보이는 산 초입에 터를 잡아 모셨다. 팔십 평생 손질하시던 아버지의 물꼬가 뚫리기 시작하는 것일까. 아버지를 산에 모시던 날은 이월의 마지막 밤에 몰아치던 천둥 번개와 우박은 삽시에 사라지고 삼월 초하루의 따뜻한 햇살이 축복처럼 내렸다.

◈ 눈 오는 날 ◈

눈이 내립니다. 창밖 기척에 방문을 열어 보니 눈이 내려 쌓이고 있습니다. 포근합니다. 차가웠던 마음이 녹는 듯합니다. 세상을 덮고 또 덮는 눈은 따스한 마음인 듯 근심 걱정이 사라지게 합니다.

길을 나서고 싶습니다. 아무도 지나가지 않은 흰 눈 쌓인 거리에는 수많은 기억들이 일어나 반길 것입니다. 새로운 꿈과 소망을 안겨 줄 것입니다. 살아가는 일이 아무리 버거울지라도 새하얀 눈을 보면 언젠가는 눈처럼 깨끗하고 거짓 없는 마음으로 살아갈 수 있으리라는 기대를 갖게 됩니다. 그러나 일상의 벽에 부다처 희망이 이루어지는 것은 어려운 현실입니다. 그러면 어떻습니까. 눈같이 하얀 마음으로 살아 보고 싶다는 생각을 마음에 심은 것이 가치 있는 일이지요.

눈 오는 날은 마음이 밝고 아늑하며 따뜻해집니다. 삶의 이유 같은 것을 굳이 따지지 않고 넘어갈 수 있는 날입니다. 내 앞에 놓인 생을 살아간다는 것이 더없이 행복한 일이라는 생각이 드는 날입니다. 눈 오는 날은 사랑이고 축복입니다.

이런 날에는 어김없이 유년 시절의 고향 생각이 납니다. 유난히 조용한 겨울밤이었습니다. 하염없이 눈이 내렸습니다. 하릴없이 짖어대던 강아지도 잠들고 휘몰아치던 바람도 동네 어귀를 지켜선 고목나무 가지에 누워 쉬는지 조용했습니다. 이상했습니다. 멀수록 아름다운 세상을, 문을 열고 산과 들을 바라보았습니다. 사람들이 복작이며 사는 세상이 이렇게 고요할 수 있다는 게 더없이 신기했습니다.

강아지는 잠이 들었는데 새들은 어디에 있을까? 가끔씩 인적기를 내던 외양간의 소들도 잠잠하게 되새김질만 하나 봅니다. 워낭 소리조차 들리지 않았습니다. 이러다가 세상이 하얗게 사라져 버리는 것은 아닐까 하는 뜬금없는 생각이 들었습니다.

그런 날이면 언제나 눈에 파묻혀 하얀 날개를 펴고 하늘을 날아다니는 꿈을 꾸었습니다. 그 기억이 남아 있기 때문일까요. 두런대는 소리에 잠이 깬 뒤에도 간밤에 내린 눈을 쓸어 내지 못하고 먼 하늘만 바라보던 기억이 새롭습니다.

세상이 시끄럽다고들 난리입니다. 뭐 한 가지 제대로 되는 일이 없다면서 우리 사회가 온통 들끓고 있습니다. 북한 정세의 변화 또한 초미의 관심사로 떠오르고 있습니다. 사람들의 걱정이 이만저만이 아닌 듯합니다. 그뿐만이 아닙니다. 이념의 차이에서 오는 갈등과 반목 속에 정치판의 싸움이 끝도 없이 이어지고 있습니다.

모두들 살아가는 일이 버거워지자 예전보다 심한 대립과 투쟁이 벌어지고 있는 듯합니다. 그러나 어려운 때일수록 마음을 가다듬고 한 발짝 뒤로 물러서서 관조하며 살아가는 여유가 필요합니다. 눈 오는 날이 이런 차분함이 되살아나는 날입니다. 잠시 힘에 겨운 삶의 굴레를 벗고 꿈의 나래를 펴기에 좋은 날입니다. 그 염원은 이루어지지 않더라도 좋습니다. 소원을 품은 자체로 행복하기 때문입니다.

눈 오는 날에는 눈이 되어 날아 보고 날다가 지치면 나뭇가지에 앉아 머무르다 또 다른 세상으로 날아가 보는 것도 좋을 듯합니다. 그러고 보면 아름다운 세상은 마음속에 있습니다. 눈 오는 날에는 마음의 문을 활짝 열어야 합니다. 그곳에 오래도록 하얀 눈이 내릴 것입니다. 어여쁜 꿈들이 소복소복 쌓일 것입니다.

제 2 부

우리는 인생의 조연이 되어가는 걸까

◈ 벌초하는 마음 ◈

벌초를 다녀왔습니다. 연례행사로 해마다 하는 일이지만 매년 느끼는 감정은 다르게 다가옵니다. 벌초를 한다고 해서 조상이 알아주는 것은 아닐 것입니다. 그럼에도 해를 거르지 않고 벌초를 하는 것은 추석 성묘를 할 때나 시제를 지낼 때 마음이 편안해지기 때문입니다. 아니 그보다 중요한 것은 조상을 잘 모신다는 마음의 위안을 삼기 위함인지도 모를 일입니다.

비지땀을 흘려 가며 정말 열심히 잔디를 깎고 잡초를 뽑고 또 뽑았습니다. 납골 장례 문화가 확산되고 있지만 산소는 나름의 의미가 있습니다. 산소는 망자의 휴식처이기도 하지만 살아 있는 사람들에게도 마음의 쉼터가 될 수 있습니다.

저는 집안에 좋은 일이 있을 때나 자식들에게 기쁨이 있을 때 아버지 산소를 찾아 인사를 올립니다. 그뿐만 아니라 일이 꼬이고 잘 풀리지 않을 때면 산소에 가서 넋두리를 늘어놓기도 합니다. 그러다 보면 저도 모르게 막혔던 가슴이 후련해지고 마음이 편안해져선 돌아가신 아버지가 꼭 도와주실 것만 같은 생각이 듭니다.

아버지는 그리 많지 않은 땅에 농사를 지으면서 사 남매를 키우느라 고생만 하시고 치매로 고로하다 병환으로 돌아가셨습니다. 사 남매는 공부를 제법 잘했습니다. 다른 집에선 그것이 자랑거리인데 우리 부모님은 걱정거리였습니다. 공부를 잘하니 학교에 안 보내는 것을 너무 아깝게 여기신 겁니다. 당시에는 우리보다 훨씬 넉넉한 살림에도 몇몇 집을 빼고는 고등학교만 보내는 것이 당연한 일이었습니다.

그런데 우리 부모님은 공부를 잘하는 자식들 때문에 남보다 더 고생을 감수하시면서 그 시절에 대학에 보내 주셨습니다. 땅을 팔아서라도 공부를 시켜야 되는 것 아니냐는 부모님의 대화를 우연히 들은 적이 있습니다. 마음이 울컥했습니다. 부모님께서는 먹을 것, 입을 것 제대로 못하면서 그야말로 질곡의 삶을 살아내셨던 것입니다.

술을 좋아하시던 아버지는 마음놓고 돈을 턱, 내고 술 한잔을 사 드시지 못했습니다. 훗날 저와 누님과 여동생들의 생활 형편이 좀 나아졌음에도 불구하고 손수 돈을 지불하고 술을 드시지는 않았습니다. 아버지는 자식들 뒷바라지하느라고 변변한 양복 한 벌 못 사 입으셨습니다. 아버지가 양복 대신 입으셨던 의복은 색 바랜 바지저고리와 두루마기가 고작이었습니다.

아버지는 그 색 바랜 두루마기 한 벌을 귀한 옷이라며 명절이나 결혼식에 입으신 후 장롱에 고이 모셔 놓았습니다. 아버지는 복도 지지리없는 분이라는 생각에 지금도 목이 메이고 가슴이 먹먹해집니다. 아들 하나인 저한테 효도 한 번 받아 보지 못하시고 한 맺힌 인생을 마감하셨습니다.

벌초는 단순히 잔디를 깎고 잡초를 뽑는 일이 아닙니다. 돌아가신 어르신들의 힘겨웠던 삶을 생각하며 감사와 존경의 마음을 바로 세워 그분들에게로 보내는 일입니다. 벌초 후 며칠 뒤 추석에는 홀로되신 어머니가 편찮으셔서 차례를 지내고 그 다음날 낮에 산소를 찾아 문안 여쭙고 절을 올릴까 합니다.

벌초를 마친 뒤 돌아설 때면 산자락을 붙잡고 발길이 돌려지지 않습니다. 돌아가신 아버지가 절절히 뵙고 싶습니다. 한참 동안 속

울음을 삼키다가 아버님의 생전 모습을 기억하면서 쓸쓸히 산을 내려옵니다. 아이처럼 울먹이며 간절한 심정으로 말입니다.

◈ 나의 문학관 ◈

글을 쓰면서 가끔 욕심을 부릴 때가 있다. 이런 때일수록 글이 잘되지 않는다. 글보다 마음이 앞서가기 때문일 것이다. 나의 문학관이라는 것도 따지고 보면 나의 욕심과 무관하지 않은 듯하다. 아무리 그럴듯하게 문학에 관한 소견을 내세우더라도 어디까지나 희망 사항이지 내가 마음먹은 대로 쓰기란 어려운 것이다.

그러나 글을 쓸 때마다 늘 유의하는 점이 있고 그것이 글을 표현해 내는 데 역할을 하고 있음은 사실이다. 소재를 무엇으로 할 것이며 이떻게 써 나갈 것인가 생각하고 이 글이 나에게 어떤 의미가 있는지 비춰 보기도 한다. 바로 이 속에 나의 문학관도 포함되어 있는 것은 물론이다.

글을 쓸 때 처음 봉착하는 것은 소재의 선택이다. 소재는 지천으로 깔려 있다고 해도 지나친 말이 아니다. 그러나 스스로 소화해서 글로 빚을 만큼 절실한 것을 찾기란 쉽지 않다. 아무리 매력있고 마땅한 내용을 담고 있는 것이라도 목마른 절실함 없이는 삶의 심층에 이르기 어렵고 그 내면에 이르지 않고서는 깊은 울림을 낼 수 없을 것이란 생각이다. 그래서 소재의 선택에 있어서 간절한 것을 고르게 된다.

글 속의 풍경과 분위기도 마음을 쓰이게 한다. 나는 빼어남보다 일상의 아늑함이면 족하고 원색의 강렬함보다 파스텔 톤의 은은함에 더 마음이 끌린다. 수려하다 보면 다소곳함이 덜할 뿐 아니라 너무 번거로워서 집중되지도 않는다.

그에 비해 일상에서 대하고 느끼는 것들은 야단스럽지도 않거니와 굳이 거리를 둘 필요도 없고 수사의 강한 칠을 입히지 않아도 된다. 비록 뛰어나진 않지만 눈에 익고, 변변한 이름 하나 없어도 수수하게 다가오는 것이 편안하고 반갑다. 여기에 정서를 깃들이고 의미를 찾아내어 신선함을 불어넣고 가볍지 않게 기품을 세우는 것이 내가 할 일이고 또한 바라는 바다.

문학이 어떤 목적의 수단이나 방편이 되어서는 곤란하다는 것을 늘 새기고 있다. 고유성을 잃게 되면 스스로 서기가 어렵게 된다. 우리 문학사에서 카프가 그러했고 권위주의 정부 시대에 문학과 예술의 사회적 기능이 제창되면서 문학의 본질보다 이념을 우위에 두고 사회 개혁의 수단으로 이용해 왔던 점을 잊지 않고 있다.

아무리 개혁의 당위성을 긍정한다 하더라도 문학은 문학의 영역을 지켜야 한다. 문학이 사회적 기능에 발을 들여놓게 된다면 끝내 이념에 각색되어 그 도구로 전락하게 되는 것은 불을 보듯 뻔한 일이다. 문학이 문학 운동의 영역을 벗어나 특정한 이념의 수단으로 참여하는 것을 경계하고 있다.

문학은 언어로 빚는 예술인 점을 중시하여 문장 만들기에 고심하고 있다. 글을 쓰는 연륜이 쌓여 갈수록 점점 글쓰기가 어렵게 여겨진다. 환경에 따른 요인도 있겠으나 문학에 임하는 태도의 변화에서 비롯되는 점을 부인할 수 없다.

때로는 며칠간 작업한 것을 찢어 버리는 일도 있다. 착상이나 상상력 등은 스스로의 한계로 친다 하더라도 낱말의 선택이나 문장의 구성과 문맥의 흐름 등은 그렇지 않다. 장인으로서의 끈기와 성실성이 따르게 되면 어느 정도 근사치에 가깝게 다가갈 수 있는 것이다. 그래서 퇴고를 하고 또 하는 것이다. 무심코 넘어가던 습

관을 고치려고 안간힘을 쓰고 있다.

문학으로 도포해 낸 색깔에 대해서도 늘 살펴보고 있다. 내 개성이 뚜렷하게 드러나 주기를 바라고 있다. 내가 존재하는 가치가 여기에 있다. 차별화되지 않는다면 굳이 이름을 내걸 필요가 없다. 규격에 맞춘 것처럼 가지런한 것보다 조금은 모자라더라도 나만이 지니고 있는 글의 성향이 드러나기를 바라고 있다.

나는 글을 쓸 때 다른 사람의 것을 잘 인용하지 않는다. 가능한 한 내 것으로 나의 모습을 갖추려고 한다. 글을 쓰는 과정에서 새로운 것을 길어 올릴 때가 대견스럽다. 대개 내 속에 깃들어 있는 잠재성으로 나의 개성을 드러내 주는 것으로 믿기 때문이다.

나의 유의점 몇 가지를 살펴보았다. 이것은 어디까지나 유념하고 있는 것에 불과하고 내가 쓰는 글이 이에 일치하는 것은 아니다. 그야말로 평소의 생각으로 기대치를 반영하는 것에 불과하다.

이 글을 맺는말로 '왜 글을 쓰는가?' 하는 물음을 나 자신에게 던져 보고자 한다. 이 질문은 문학관을 포괄할 수도 있겠지만 또한 문학이 나에게 어떤 의미가 있는가의 해답을 겸할 수 있는 것이기도 하다.

나는 문학을 객체로 받아들이지 않는다. 그러므로 문학의 사회적 기능이랄 수 있는 독자와의 관계에 대해서는 별로 신경을 쓰지 않는다. 나 자신을 위해 글을 쓰고 있고 스스로의 분위기를 지닐 수 있으면 된다고 생각하고 있기 때문이다.

나에게 있어 글쓰기는 특별히 삶을 꾸려 가는 수단이 되는 것도 아니고 그렇다고 쉽게 쓸 수 있는 능력을 지닌 것도 아니면서 이를 버리지 못하고 골몰하고 있으니 고질이라고 할 수밖에 없다. 나는 이것을 숙명으로 받아들이고 있다. 결코 우연이 아니라는 말이다. 어떤 연분에 의해 이런 근고로 들어서게 되었는지 그것을 명료하게 표현하기는 어렵지만 그것이 무엇 때문인지는 느끼고 있다. 내 삶의 지향성이 문학과 맥을 같이하고 있음은 어쩔 수 없다.

나는 미지의 세계에 대한 그리움을 지니고 있고 그곳으로 통하는 외로운 과정이다. 그러나 포기할 수 있는 노선이 아니다. 나의 삶의 궤적을 그려가는 피할 수 없는 노정이다. 이 길은 홀로 더욱 순수해진다. 문학은 이 걸음을 함께하는 벗이며 언제나 오염된 삶을 씻어 주며 더 높은 경지로 안내한다. 힘들면서도 현실 속의 비현실적인 이 여정을 포기할 수 없는 것이다.

이런 나의 문학적 자세는 객체로서가 아니라 주체로서 받아들인다는 점에서 이기적이라 할 수 있겠지만 스스로 닦아 간다는 점에서 궁극적인 삶의 길과 무관하지 않다. 스스로 흔들리지 않기 위하여 자신과 싸우며 개운하고 여유 있는 마음의 자리를 얻기 위하여 비워 내고 거르는 것이라고 할 것이다. 내가 문학을 하는 의미이며 나의 문학관임은 물론이다.

◈ 날궂이하다 ◈

“형! 별일 없으면 날궂이나 합시다.” 비가 억수같이 내리는 날 친구 녀석한테서 메시지가 왔습니다. 옳다구나, 했습니다. 안 그래도 폭우가 쏟아져 마음도 심란하고 출출하던 차에 잘됐다 싶었습니다. 비가 오는 날은 기분이 꿀꿀하고 을씨년스럽습니다. 추적추적 비가 내리면 우울하기까지 합니다.

그래서 비가 오는 날이면 혼자서 주절주절 청승을 떠는 사람들이 생겨나는 것인지도 모를 일입니다. 우리 조상들은 비 오는 날에 부침개를 부쳐 놓고 막걸리를 벗삼으며 세상살이를 달관한 사람처럼 시간을 보냈다고 합니다. 날궂이는 바로 이런 것입니다.

비를 맞으며 하염없이 혹은 미친 듯이 길거리를 헤맨 적이 있었습니다. 사춘기 시절 넉넉지 않은 가정 형편 때문에 여러 가지로 마음고생이 많았던 그때는 희뿌연 안개비처럼 앞날이 보이질 않았습니다. 그렇다고 달리 뾰족한 묘수도 없었습니다. 그저 비를 흠뻑 맞으면 속이라도 후련해지겠지, 하는 기대가 빗속을 달리게 했습니다.

허탈함을 달래 보려는 행동이었지만 텅 빈 마음은 그대로였습니다. 애꿎게 옷만 적시고 돌아오면 어머니의 호통 소리가 이어졌습니다. 가끔 비를 맞으며 궁상을 떨던 일들이 지금도 젖은 옷처럼 축축한 기억으로 남아 있습니다.

날궂이를 하자는 메시지를 접하고 한걸음에 달려간 곳은 시내 뒷골목 어스름한 곳에 위치한 실내 포장마차였습니다. 반백의 친구 녀석은 이미 소주 한 병을 시켜 놓고 마음씨 좋은 아저씨처럼 실실 웃으며 앉아 있었습니다. 기본 안주인 달걀말이와 미역국이 나오기도 전에 소주 석 잔이 비워졌습니다.

사회에서는 두세 살 차이는 친구로 지낸다고들 합니다. 이 친구는 만난 지 삼십 년이 다 되어갑니다. 그런데 저와는 나이가 겨우 한 살 차이인데도 꼭 형이라고 부릅니다. 저도 친구의 이름 끝자락에 형이라는 호칭을 붙여 부르고 있습니다. 둘이 만나면 소주 세 병은 기본이고 때론 다섯 병쯤 비워져야 술자리가 끝납니다.

속칭 2차를 가자고 객기를 부리는 일은 거의 없습니다. 어쩌다 자리를 옮기게 되어도 포장마차나 생맥주집이 고작입니다. 돈이 없어서라기보다 이 친구와 마실 때는 포장마차도 충분하다는 생각을 함께했을 뿐입니다. 월급쟁이인 친구와 사업을 하는 나와 둘 중 누가 계산을 해도 전혀 부담이 없다는 장점도 있습니다.

흔히들 경상도 남자는 화끈하다고 합니다. 부산이 고향인 이 친구도 말이 통하는 데다 쓸데없는 소리를 잘 안 하고 소탈하며 담백합니다. 봉급생활을 청산하고 사업 초년 시절에 사업 실패로 부도 직전에 놓였을 때도 흔들림 없이 초심을 잃지 않고 산중에서 마음을 가다듬을 정도로 내공이 만만치 않은 친구이기도 합니다.

산전수전 다 겪은 그는 나이보다 훨씬 깊은 생각과 폭넓은 행동을 보여 주고 있습니다. 거칠 것 없는 그의 호탕한 웃음소리는 압권입니다. 웃는 모습이 티 없이 맑아 천진난만하다는 느낌마저 갖게 됩니다. 그러나 옳은 말을 잘하는 기질로 가끔 직설적으로 일갈할 때는 무섭기까지 합니다. 이러한 그의 진정성과 올곧은 기개와 몸짓이 그에 대한 신뢰와 존중의 마음을 갖게 하는지도 모릅니다.

모처럼의 날궂이는 퍼붓는 소낙비처럼 후련하기만 했습니다. 한 가지 아쉬운 것은 날궂이를 하면서도 나라 걱정과 경제와 서민들의 궁핍한 생활을 걱정해야 하는 것입니다. 요즈음에는 비가 내리지 않아도 날궂이하는 사람들이 많다고 합니다. 여러 가지 국민적 갈등과 불만이 술판으로 이어지기 때문입니다. 소주잔을 기울인다고 해결될 일은 아닌 듯합니다. 하지만 오죽 답답하면 멀쩡한 날에도 날궂이하는 사람이 늘어날까 걱정도 됩니다.

오랜 가뭄으로 가축들이 폐사하고 함안보에 녹조가 발생하여 생태계가 파괴되어 많은 피해가 속출했습니다. 국제적으로 불어닥치는 경제 문제도 만만치 않아 보입니다. 이래저래 날궂이하는 사람들이 늘어납니다.

경제도 살아나고 들끓는 민심도 수그러들었으면 합니다. 국민이 나라를 걱정해야 하는 일은 없어졌으면 좋겠습니다. 정치와 경제 등 모든 분야가 물 흐르듯이 순조로워야만 합니다. 그래야 멀쩡한 날 날궂이하는 사람들이 사라질 것입니다. 걱정 없이 웃으며 지낼 수 있게 되면 '날궂이'란 말은 전설로나 남을 것입니다. 제발 전설로 남아지기를…….

◈ 우리는 인생의 조연이 되어가는 걸까 ◈

언젠가 한 유명 배우의 인터뷰를 본 적이 있다. 젊은 시절 출중한 미모와 연기력으로 시대를 풍미했던 그는, 중년의 나이를 넘기며 처음으로 주인공이 아닌 주인공의 엄마 역할을 맡았을 때 당혹스러움과 상실감을 느꼈다고 했다. 하지만 세월이 흘러감에 따른 배역의 변화는 자연스럽게 받아들여야 하며 그것을 수용한 후 새로이 주어진 역할을 완벽히 해냈을 때 배우는 가장 아름답다는 것을 깨달았다고 했다.

그는 현재까지도 왕성하게 연기 활동을 하고 있다. 주역의 위치는 아니더라도 중견 배우로서의 묵직함과 연륜에 카리스마까지 겸비한 그의 연기는 한층 더 성숙해졌으며 젊은 주인공은 따라올 수 없는 분위기까지 갖추어 오히려 주연보다 빛이 난다. 극을 주도하지는 않지만 극의 흐름을 안정되게 받쳐 주는 그의 모습은 마냥 예쁘기만 했던 젊은 시절보다 훨씬 더 깊고 멋지다. 세월의 변화를 받아들이지 못한 채 원래의 자리에 집착하고 고수했다면 얻지 못했을 모습이다.

생각해 보면 배우가 아닌 일반인으로서 맞이하는 중년의 모습도 다를 것은 없어 보인다. 유년기와 청년기에는 주위 사람들의 보호와 관심 속에 주인공으로 성장한다. 그러다 어느덧 중년의 나이에 접어드니 한 발짝 뒤로 물러나 새로이 피어나는 존재를 받쳐 주는 조연의 역할을 맡게 되는 것이다. 그런 과정에서 우리 또한 배우가 느꼈던 것과 유사한 상실감을 느끼곤 한다.

상실감! 아마도 중년에 들어서며 가장 많이 느낀 단어였다. 누군가는 나이 마흔을 넘겼을 때 마치 높고 가파른 절벽 끝에 맨몸으로 간신히 버티고 서 있는 기분이라고 묘사했다. 또 다른 사람은 아이의 부모로 부모의 자식으로서 아래위로 신경을 쓰다 보니 정작 자신은 빈털터리가 된 느낌에 마음이 헛헛해진다고도 표현한다.

저마다 처한 상황은 다르겠으나 청년과 노년 사이에 자리 잡은 가운데에서 권리보다 책임을 더 많이 부여받는 우리네 중년은 여실한 압박감과 공허함을 느낀다. 사회와 가정에서 가장 많은 역할을 맡고 제일 왕성하게 살아가는 세대가 중년 세대이다.

그럼에도 중간에 끼인 중년 세대인 '허리'의 자리는 늘 자신에게 주어진 역할을 수행하는 것을 당연한 미덕으로 여긴다. 아직 마음은 미처 준비되지 못했는데 내려놓아야 할 집착과 받아들여야 할 변화들이 너무나 많이 다가오는 이 시기에 변모되는 심적 상태를 '상실감'이라는 말이 대표하고 있는 듯하다.

중년이 까마득한 미래라 여겼던 시절엔 가끔씩 듣게 되던 그 시기의 '상실감'이라는 것이 과연 어떤 기분일까 하고 궁금했다. 막상 중년에 진입하고 보니 절벽에 매달린 것같이 가슴 철렁한 기분이었으나 마음 한구석이 텅 빈 듯한 공허감이 들지는 않았다. 그러나 중년으로서의 역할과 의무와 정신없이 바쁘게 반복되는 일상에서 나도 예외일 수는 없었다. 해야 할 일을 하면 고스란히 정직한 결과로 나타났던 젊은 날과는 달리 늘 변수의 징후가 드러나는 불안한 상황에서 내가 직접 수습하고 책임져야 하는 일이 많아졌다.

오히려 그런 일련의 경험을 거치며 의무도 또 다른 권리이며 인간은 자신에게 주어진 권리를 마음껏 누릴 때보다 자신의 의무를 충실하게 해냈을 때 한층 더 성숙해지고 무르익는다는 것을 알게 되었다.

그러고 보면 중년의 위치는 많은 것을 '잃는다'는 의미의 상실감보다 누구의 지시나 관여 없이 오로지 나의 판단과 사고에 의지하여 내 삶을 스스로 주도함으로써 얻는 '충만함'이 더욱 크다는 생각이 든다.

화려하게 만개했던 청춘의 시절은 지나갔지만 꽃이 지고 나서야 그 자리에 튼실한 열매가 열려 수확을 할 수 있지 않던가. "인생에는 각자의 고유한 단계가 있으며 제철이 되어야 결실을 거둘 수 있다."라는 어느 노 철학자의 말이 생각난다. 시들어 버린 꽃에 연연해하기보다 이제 막 작은 열매를 맺은 지금의 순간에 하루하루 집중하여 내실 있게 꽉 들어찬 성과를 이루고 싶다.

그런 이유로 나는 삼십 대의 나보다 사십 대의 내가 더 좋았고 사십 대의 나보다 내려놓음으로써 채워지는 노년을 갓 접어든 지금의 내가 더 달갑다. 나이를 더 먹게 될 훗날에도 늘 '현재의 나'로 가득 채워진 것에 만족하는 삶을 살아가고 싶다.

◈ 나의 작은 행복 ◈

누구든지 행복하게 살고 싶을 것이다. 대개 행복에 대한 갈망은 몸과 마음이 어렵고 고독할 때 절실해진다. 〈즐거운 나의 집〉을 작곡한 비숍은 떠돌이 음악가로 한 번도 가정을 가져 본 일이 없었다고 한다. 〈이름 없는 여인이 되어〉 시를 통하여 평범한 주부의 행복을 얘기했던 노천명 시인도 그녀가 꿈꾸던 삶과는 거리가 먼 여인의 행로였다.

이들은 꿈꾸던 행복을 작품으로 승화시켰으나 현실에서 바람대로 이루어진 것은 아니었다. 비숍은 음악에 묻혀 가정을 이루지 못했으며 노천명은 시인에서 이름 없는 두메의 여인으로 돌아가지 않았다. 예술 속의 소박한 꿈으로 머물렀다.

이와는 달리 도연명은 관리 생활을 청산하고 전원으로 돌아가 빈곤하지만 자유로운 삶을 살며 〈귀거래사〉 같은 전원을 노래했다. 나물과 물밖에 먹을 것이 없었던 안회의 안빈낙도에서 자적한 삶을 느낀다. 공자는 가장 총애했던 제자 안회를 "가난함 속에서도 어짊과 예를 추구하는 삶을 즐겼던 자."라고 하며 그리워했다. 도연명과 안회는 세속적인 영화를 탐하지 않았다. 청빈을 제일로 여겨 유유자적을 택하여 가난한 삶을 즐길 줄 알았던 것이다.

이런 지족의 삶을 터득할 때 마음의 숲에 파랑새가 깃들일 것이다. 나는 번화함의 유혹을 경계한다. 높고 빛나는 것이라면 구하기도 어렵거니와 구한다 해도 건사하기 번거롭고 놓치지 않으려는 욕망의 허영과 자만에서 벗어나기 어렵다는 것을 머리에 새겨 두고 있다. 나는 대단한 것에서 행복을 구하려 하지 않는다. 그런 기회가 닿는다 하여도 감당하기 힘들 것 같아 내가 바라는 것과는 거리가 먼 것으로 치부하고 있다. 그런데도 삶의 길은 간단하지 않아 이렇게 저렇게 얽혀서 내 앞에 주어질 때가 있다. 잠시 거쳐 가는 것 이상으로는 집착하지 않으려 노력한다. 그런 것들이 마음을 평온하게 하거나 온전한 휴식을 마련해 주는 것도 아니며 더욱이 거짓 없는 삶과는 동떨어진 것임을 겪어 왔기 때문이다.

나는 이런 삶의 허망을 벗어나려 다짐하며 소박한 일상을 간구한다. 일상에서도 마음먹기에 달렸다. 꽃 한 송이의 다정한 하늘거림도 반갑고 푸른 하늘과 먼 산과 떠도는 구름 한 점이 쉬어가라 손짓한다. 차 한 잔의 한가함이 사색을 깊게 하고 모여 앉은 가족들의 단란한 웃음에서 평화스러움을 보듬으며 행복이라고 느낀다.

이런 여유는 벼른다고 되는 것이 아니다. 하잘것없는 작은 것도 무심히 지나치지 않고 정을 나눈다면 바쁜 일상에서도 소소한 쉼터가 된다. 이런 것들을 시쁘게 여겨 시간에 쫓긴다고 짜증스러워한다면 볼썽사나워질 것이다.

이제 나는 행복을 유별난 것으로 생각하지 않는다. 잔잔한 흐뭇함이 종종 이어진다면 족하다. 어느 때는 책상머리에서 원고지의 칸을 메우다가 차 한 잔 앞에 놓고 생각을 다듬노라면 세상없이 행복함을 느낀다. 어느 날에는 일에 쫓겨 차를 타면서 차창 밖에 어리는 계절과 풍경을 바라보며 즐거움에 드는 나의 느긋한 정신에 감사한다.

그런 순간들은 나에게 소중한 삶의 조각들이며 작지만 진정한 행복이다. 행복은 화사하게 찬란한 것만도 아니고 멀리 있는 것도 아니다. 있는 그대로의 내 삶과 그것을 지키고 아끼는 마음속에 있음을 다시 한번 새겨볼 따름이다.

◈ 소유의 모순 ◈

과연 '다다익선'이라는 말처럼 많은 것이 무조건 좋은 것일까. 선택지가 많을수록 사람들에게 올바른 판단을 내릴 수 있는 기회가 많이 주어지는 것일까. 편리한 도구가 많을수록 시간 낭비를 줄이고 더 많은 여유를 확보할 수 있는 것일까.

선택의 폭이 넓을수록 소비자는 더 합리적인 판단을 할 수 있다면 자본주의 시장은 우리를 늘 유혹한다. 그러나 오히려 우리는 쉽게 결정을 내리지 못해 망설이느라 시간을 빼앗기고 지나친 기회 속에서 스트레스를 받곤 한다. 무엇이든 과하면 미치지 못한 것이나 다를 바 없다.

내 경우도 그랬다. 옷장을 열었을 때 색상별로 걸려 있는 체크무늬 셔츠 중 어떤 색을 입어야 할지 한참을 고민한다. 물이 튀면 그대로 얼룩이 되는 실크 재질 남방셔츠를 입으면 손을 씻을 때조차 엉덩이를 엉거주춤 뒤로 뺀 채 긴장하는 것이 부담스럽고 번거로웠다. 셔츠를 한 장으로 줄이고 실크 남방셔츠를 뺐더니 옷 관리는 훨씬 편하고 선택은 간편해졌으며 마음의 여유는 더욱 커졌다.

아들의 친구들이 집으로 놀러 오면 행여 장식으로 놓아둔 화병이나 벽에 걸어 놓은 액자가 깨질까 염려스러워 일일이 치우던 짓을 안 하려고 과감히 장식품을 없애고 나니, 아이들이 집 안에서 맘껏 뛰어놀아도 불안하지 않았다. 편리하다며 사들인 주방기기들은 이용한 후 부속물 하나하나 설거지하는 데에 더 많은 시간이 걸려 가사노동 시간이 늘어나서 오히려 귀찮았다. 그것들을 처분하고 칼 하나만으로 해결하니 오히려 가사노동 시간을 더 줄일 수 있었다.

소유물은 우리의 삶을 윤택하게 만들고 편안함을 줄 수 있는 정도면 족하다. 독일의 건축가 미스 반 데어 로에의 "적을수록 많다."는 말에서 짐작할 수 있듯이 적게 소유한 만큼 소유하지 않은 것을 얻을 기회를 갖는 것이다. 반대로 적게 소유하기 때문에 자기가 가진 것을 백 퍼센트 사용할 수 있는 더 많은 계기를 얻는 것이다.

편리는 편하고 이로우며 이용하기 쉬운 것을 의미한다. 편리한 물건은 동선을 최소화하고 작업 시간을 단축시키기 위해 필요한 것이다. 그런데 생각해 보면 작업할 때 동선을 극소화하기 위해서는 작업 공간을 단출하게 하면 되고 시간을 줄이기 위해서는 한 가지 작업에 집중할 수 있도록 잡동사니를 비워내 도구와 작업 과정을 단순하게 만들면 된다.

결국 편리는 편리한 도구를 이용함으로써 누리는 것도 있지만 대개는 우리에게 꼭 필요한 것들만을 소유하여 삶을 간추려서 생활할 때 더 많이 얻을 수 있다. 게다가 살아가는 데 있어 반드시 필요한 물건은 생각보다 그렇게 많지 않다는 것이 간소한 생활을 통해 깨달은 진리이다.

간소한 소유는 소유한 공간과 마음을 널널하게 한다.

◈ 시골에 지은 집 ◈

늦게 배달된 소포처럼 가을이 온다. 살균할 듯이 도시의 아스팔트에 쏟아지던 폭염과 눅눅한 장마기의 고온 다습한 공기와 국토를 할퀴고 지나간 몇 차례의 태풍, 극성스럽게 울던 매미 소리가 뚝 그치더니 어느덧 가을이다. 공활하게 펼쳐진 청명한 하늘과 연일 이어지는 쾌청하고 건조한 날씨는 고온 다습으로 우울하던 기분까지 보송하게 말려버린다. 나는 그동안 잃었던 밥맛과 함께 일상의 명랑성을 회복한다.

나의 생에는 잊을 수 없는 삶의 허기졌던 여름도 있다. 서울에서 고속버스로 다섯 시간, 포항에서 다시 버스를 타고 동해안을 따라 여섯 시간이나 북상해서 캄캄한 밤에 닿은 곳은 강원도와 경상북도의 도계에 위치한 죽변이다. 나는 중형을 선고받은 죄인처럼 유배지 같은 낯선 곳에 암울하게 팽개쳐지듯 도착했다.

어둠 때문에 바다는 보이지 않았고 멀리 철썩거리는 파도 소리만 들렸다. 그곳엔 몇 개의 점포와 좌판을 벌여 놓고 하염없이 앉아 있는 얼굴 까만 아줌마들이 있었다. 저녁에 단 한 차례 지나간 영화를 상영하는 그곳의 유일한 극장이 낡은 풍경 속에 있었다. 키 작은 시누대가 밀생하는 언덕과 등대, 선착장엔 생선 썩는 악취와 비린내가 뒤엉켰다. 내겐 그런 것들이 죽변의 전부로 다가왔다.

주로 오징어와 꽁치를 잡는 배가 몇 척 떠 있는 바다는 배에서 흘러나온 기름들이 검은 띠를 형성하고 떠다녔다. 나는 그곳에서 바다를 처음 보았다. 바다만 처음 본 것이 아니다. 쓴 소주를 처음 마셨고 생선회와 겨자를 처음 먹었으며 아무도 없는 백사장에서 절망감으로 헐떡이며 처음으로 수음을 하였다. 그러나 나는 그 낯선 곳을 찾아가며 품었던 내 생에 최초의 엄청난 계획을 끝내 실행에 옮기지 못했다.

그곳에서 나는 풀밭에 떨어져 있는 봉제 인형처럼 막막하게 스무 살 청년의 여름을 보냈다는 표현은 적절치 못하다. 그 여름 희디힌 햇빛은 수면제 분말같이 쏟아져 내렸다. 한낮이면 읍내 거리는 사람의 그림자 하나 없이 텅 비었다. 그 죽변에서 나는 참혹한 스무 살의 여름을 견뎠다.

길고 지루했던 여름은 언제나 돌연 끝나 버린다. 붉고 노란 잎들을 발치에 수북하게 떨어뜨리는 활엽수들과 갈색으로 마른 풀들, 방충망에 날아와 그대로 죽어버린 매미, 차가운 이슬에 젖어 새벽 길바닥에 함부로 떨어져 있는 날벌레들……. 가을은 치명적으로 오며 모든 가을은 그때마다 처음 오는 계절이다. 언제나 정신보다 먼저 몸으로 인지된다.

인간이 이 지구상에 출현한 이후 유전자 구조 속에 축적된 기억으로 내 몸은 이미 가을을 저장하고 그것을 맞을 준비를 하는 것이다. 가을이 품고 있는 것은 조락과 동면, 죽음이다. 가을이 쓸쓸해지는 것은 그 때문이다. 아직 우리의 정신이 여름과 가을 사이에 있을 때 몸은 가을의 저 유서 깊은 정서를 수납하고 있는 것이다. 죽변에서 스물두 살이 될 동안 2년을 배회하다가 나는 서울로 돌아갔다.

지난여름까지만 해도 이 거대 도시, 서울을 떠나지 못한 채 나는 초라한 망명객처럼 어슬렁거리고 있었다. 붉은 토마토를 크고 둥글게 익히고 훌륭한 자양분과 단맛을 배이게 만드는 햇빛도 도시에선 천덕꾸러기나 다름없다. 버림받은 개들은 골목을 뒤지며 털 빠진 남루한 생을 부양하느라 종량제 쓰레기 봉지를 터뜨려 먹이를 찾는다. 한여름 햇살이 잔혹하게 쏟아지는 광장에는 사람의 그림자 하나 없다. 솔기가 터진 채 널브러진 봉제 인형처럼 나는 도시에서 나른한 권태감에 허덕거려야 했다.

여름의 끝에 나는 두 가지의 큰일을 끝냈다. 하나는 여덟 해째 붙잡고 있던 책의 원고 집필을 끝낸 것이고, 다른 하나는 서울에서 자동차로 한 시간 거리에 있는 고향에 집을 지었다. 집이 완공되자마자 나는 매우 단조로운 삶이 반복되는 서울살이를 단호하게 청산했다. 서울에서 칠십 킬로미터 떨어진 시골, 내 고향에 마련한 새집으로 책과 세간을 싣고 그곳을 떠났던 것이다.

광대하게 펼쳐진 저수지 물이 내려다보이는 산이 품어 안고 있는 듯한 땅에 작고 소박하게 내 집을 지었다. 나는 집을 지을 땅을 열세 해 전에 샀다. 틈이 날 때마다 혼자 내려와 물을 바라보고 봄이 되면 감나무며 대추나무를 심었다. 거기에다 조립식 집을 지었으나 제대로 써 보지는 못했다. 감나무와 대추나무들은 어느새 껑충 자라서 해마다 잊지 않고 실한 열매를 맺는다.

예전에 지었던 낡은 조립식 건물을 헐어 내고 내 손으로 직접 새집을 지은 것이다. 산과 물이 어우러진 곳에 집 가까이 밤나무

숲이 있고 집 뒤편 숲길을 오르면 옻나무 군락지 안에 약수터가 있다. 나는 이곳을 나의 새로운 거처로 삼았다.

이곳에서 시골 생활을 꾸리며 전업 작가의 삶을 이어나갈 것이다. 적당히 침묵하며 산책하고 책 읽기와 글쓰기로 이루어진 생활로 내면을 향하여 사유하며 안으로 깊어지는 삶을 꿈꾼다. 예전부터 지금까지 변함없이 내가 열망하는 것은 자유롭게 살기와 영혼의 점진적인 정화, 삶의 완전한 향유다.

나는 시골 태생이지만 도시에서 서른여섯 해 동안의 긴 세월을 살았다. 가난한 집안의 외아들이라서 상속받을 재산도 없고 오로지 내 능력에 의지해 살아야만 했다. 삶은 부박하고 고달프고 거칠었다. 아무것도 가진 것 없이 한 여자와 혼인을 하고 세 아이를 두었다. 월세방에서 전세방으로 단칸방에서 방 두 칸짜리로 한옥 문간방에서 단독 주택으로 연립 주택에서 아파트로, 한 해나 두 해 걸러 내 식구들 몸을 뉘일 지상의 둥지 하나 찾아 이사를 다녀야 했다.

이사하기가 명절 돌아오는 것보다 더 자주였던 것 같다. 도시에서 몇 번이나 이사를 했는지 헤아릴 수조차 없다. 그 번거로운 이사를 서른 번쯤 치러냈다. 어쩌면 그 이상이었는지 모른다. 끌어안고 사는 그 많은 책들을 묶었다 풀었다 하며 가난해서 보잘것없는 세간을 쌌다가 풀었다 하기를 그만큼 했다. 그 속에서 현무암 속처럼 깊이를 알 수 없는 불행을 묵묵히 견뎌 왔다.

집은 지붕과 창과 벽면과 벽면의 분할된 공간 조합이 아니다. 집은 생명을 갖고 있다. 견고한 물질의 외관 안에 그만의 내면을 갖고 숨을 쉰다. 집은 자리 잡고 있는 토지의 생김새와 단단한 형태 속에 깃드는 광선과 바람, 알맞은 고요, 외관을 감싸는 푸른 하늘과 주변의 나무들, 지붕의 선 너머로 펼쳐지는 풍경에 의해 마침내 완공된다. 집은 주거와 관련된 욕망과 필요에 부응할 뿐만 아니라 삶의 취향과 리듬을 만들고 몽상과 내면의 기질을 배양하며 인생을 풍부하게 만든다.

새집에 들어와 첫밤을 보내며 나는 어린 시절 자주 숨곤 하던 다락방과 같은 내 몸을 감싸는 포근함을 느꼈다. 그 설렘과 감격은 땅과 근원적 유대감을 품고 있는 집의 안락감에서 비롯된 것이다. 오랜 방랑을 끝내고 비로소 내 집에 들어와 누웠다. 날아갈 듯한 기쁨이 주는 그윽한 느낌! 두터운 어둠이 감싸고 있는 새집에서의 잠은 깊고 편안했다.

새벽에 잠을 깨면 집 주변의 어스름한 여명 속에서 물안개를 장삼처럼 휘감고 있는 나무들이 조용히 서 있다. 도시에서 보는 나무들과는 사뭇 다르다. 도시의 나무들은 단지 세월을 견디고 있는 느낌이지만 이곳의 나무들은 삶과 자연에 대해 깊이 사유하고 있는 것 같다. 도시의 나무들은 도시 미관을 위한 하나의 부속물에 지나지 않지만 여기 이 니무들은 당당하게 인격화되어 제 삶의 주체로 주변 환경을 완벽하게 장악하고 있다.

추석 연휴에 집 옆의 밤나무 숲에 들어가 밤을 주웠다. 숲은 환한 대낮에도 나무 그늘 때문에 어두컴컴하고 공기는 차고 축축하다. 긴 바지에 장화를 신고 밤나무 숲에 들어서면 실하게 잘 여문 갈색의 알밤들이 젖은 나뭇잎과 함께 풀덤불 위에 떨어져 있다. 나는 풀숲에서 주운 밤을 가만히 들여다보았다. 속이 꽉 찬 밤들은 갈색의 반들반들한 몸통을 갖고 있다. 밤들은 여물기까지 빗줄기와 바람과 폭염과 태풍을 이겨냈을 것이다.

모든 열매들은 자연의 재난과 시련을 극복한 결과물이다. 사람도 살아가면서 크고 작은 격랑과 장애물을 만난다. 삶의 고난을 겪으며 꿈이 꺾여서 낙담과 실의의 세월을 보내는 사람이 있는가 하면 어떤 사람은 그것을 이겨내고 마침내 자기의 염원을 실현한다. 삶의 '열매'란 저절로 주어지지 않는다. 고생과 고비를 이겨낸 보상이다.

태풍의 영향으로 온밤을 바람이 세차게 불었다. 바람 소리에 잠을 못 이루고 아버지 산소가 바라보이는 창가에 앉아 책을 읽으며 행복했다. 내 고향의 내 집이어서 더한 아늑함을 느꼈다. 바람이 거셌으니 내일 새벽 밤나무 숲에는 더 많은 알밤들이 떨어져 있을 것이다.

◈ 처음 맞는 봄 ◈

봄은 기다리지 않아도 온다. 며칠 새 햇볕에 온기가 돌고 언 땅이 풀린다. 집으로 돌아오는 진입로에 겨우내 얼어 있던 빙판이 녹고 집 주변의 산수유나무며 조팝나무 미선나무 산목련 박태기나무 배롱나무의 가지에도 부쩍 생기가 돈다. 머지않아 나무들에 연둣빛 잎눈이 돋아날 것이다.

요즘 나는 자주 원예 종묘 회사에서 펴낸 도록을 펼쳐서 집 주변에 심을 유실수들과 관상수와 활엽수의 묘목 가격이나 비탈진 곳에 심을 구절초 달맞이꽃 붓꽃 원추리꽃 족제비싸리 참싸리 등의 종자

가격 따위를 눈여겨본다.

지난겨울엔 유난히 눈이 많고 날씨도 예년에 비해 추웠다. 거처를 도시에서 시골로 옮기고 난 뒤 첫 번째 맞는 겨울을 나느라고 고생이 자심했다. 밤새 잎을 모두 떨군 밤나무 숲의 마른 가지들은 흰 붕대를 감싼 듯이 하얗고 새벽마다 물안개를 피워 올리던 저수지의 수면도 얼어붙어 흰 페인트를 도색한 것 같이 흰빛 일색이어서 눈이 부시다.

나는 밤사이에 마술처럼 변해 버린 주변의 풍경을 둘러보며 경이의 감탄사를 연발하곤 한다. 아침이면 감나무 빈 가지마다 까치 떼가 몰려와 요란하게 울어대고 밤에는 산속의 고라니 한 마리가 먹이를 찾아 집 근처까지 어슬렁거리며 내려오기도 한다. 가지에 쌓인 눈의 무게를 견디지 못하고 설해목 부러지는 소리가 밤의 정적을 깨뜨리며 빈 하늘로 울려 퍼진다. 눈 그친 새벽하늘에 별들은 또 얼마나 풍성하게 열려 있던가!

봄은 꽃들의 난장이다. 촛불 같은 꽃봉오리를 하얗게 피워 올린 목련이며 담장마다 무더기로 피어나 휘늘어지는 노란 개나리꽃 덤불, 진달래꽃들이 한꺼번에 피어난다. 온갖 봄꽃들이 저희들끼리 소곤거리며 파란 싹이 돋아나는 동안 골목엔 사각사각 연필 깎는 고요가 소리 없이 익어간다.

그 도시에서 나의 봄은 속절없었다. 제대로 돌보지 못한 슬하의 삼 남매는 노랗고 축축한 안개 속을 하염없이 걸어가는 듯했고 나는 겨우 정신을 차려 몇 권의 책을 썼을 뿐이다. 그 봄에 나는 몹시 앓았다. 집 근처 나지막한 언덕에 아픈 몸을 끌고 올랐더니 천지에 하얀 눈사태 같은 분분한 낙화였다. 흩날리는 꽃비를 바라보며 나는 예순을 넘도록 살았던, 너무나 익숙하게 내 몸에 길들여져 있던 그 도시를 떠나기로 결심했던 것이다.

얼마 지나지 않아 겨울이 오고 이 시골에서의 삶은 내가 갖고 있던 환상이 '냉혹한 현실' 앞에 여지없이 깨져 버린다. 지하수를 끌어올리는 펌프를 얼지 않도록 잘 간수해야 하는데 이를 소홀히 하는 바람에 얼어붙고 말았다. 생활용수는커녕 식수도 바닥이 나서 한동안 멀리 떨어진 산 밑 약수터에서 길어 와야 했다.

게다가 폭설이 내린 뒤엔 곧바로 진입로의 눈을 쓸어야 하는데 그것을 방치해 버렸더니 꽝꽝 얼어붙어 빙판길이 되고 말았다. 기름이 떨어졌으나 진입로가 빙판이 되어 버린 탓에 유조차가 왔다가 되돌아갔다. 하룻밤을 냉동 창고처럼 되어 버린 집에서 추위에 떨며 이불을 뒤집어쓰고 지내야 했다.

이튿날 플라스틱 물통을 차에 싣고 주유소로 석유를 사러 갔다. 사나흘 간격으로 석유를 사 날라 보일러의 기름 탱크에 갖다 붓는 수고를 감당하지 않으면 안 되었다. 하지만 그렇게 애를 쓰는 일은 자연과 가까이 살면서 자연의 혜택을 누리는 데에 불가피하게 지불해야 하는 비용 정도로 여긴다.

이제 밤의 길이는 짧아지고 해가 떠 있는 낮의 길이는 늘어났다. 나는 전보다 자주 들에 나가 땅을 밟으며 우주의 생동하는 기운을 내 몸에 채우고자 한다. 발바닥이 딛고 있는 이 땅은 결코 죽은 땅이 아니다. 땅은 내 피와 혼을 보다 생기 있게 만드는 정령들로 가득 차 있다. 나는 축축한 습기를 머금고 있는 흙 한줌을 코에 대본다.

진흙에서는 나른한 햇빛과 으깨진 풀꽃이며 썩어 가는 가랑잎들이 함께 뒤엉켜 뿜어내는 흙의 독특한 향기가 난다. 이 특별한 흙냄새는 내 핏줄 속에 환희로 녹아든다. 나는 그것들이 내게 베푸는 축복을 굳이 유예하지 않는다. 나는 쾌락을 남용하는 자는 아니다. 하지만 흙의 향기가 날카롭게 환기해 주는, 보다 확실하게 내가 살아있다는 확신과 기쁨 그리고 생의 예지들을 맘껏 들이켜려 한다.

행복해진다는 건 의지의 지향점이고 그것이 아니면 안 되는 것, 대체할 수 없는 생을 향한 끝없는 열정의 산물이며 그것을 온몸으로 느끼고 받아들이는 능력이다. 분명한 것은 행복은 어떤 조건의 충족이 아니라는 것이다.

나는 이제 봄이 내게 베푸는 지복들을 고스란히 받아들인다. 나는 봄의 저 나른한 햇빛과 흙내와 아지랑이 속에서 내 핏줄에 꿈틀대는 충동과 나태한 쾌락 등에 대한 더 이상의 불필요한 죄의식을 털어 버리기로 한다. 왜냐하면 행복해지는 일을 조금도 망설이지 않을 것이다.

내가 갖다 심은 유실수들, 집 주변을 둘러싸고 있는 산수유나무와 조팝나무 등 여러 나무들과 함께 내 삶을 보다 친절하게 돌볼 것이다. 죽은 밤나무의 빈 가지에는 능소화를 올리고 그 불꽃같은 수황빛 꽃들과 함께 내 삶을 꽃피우려고 한다.

◈ 다듬이질 소리의 비밀 ◈

다듬이질은 옷이나 옷감을 방망이로 두드려 천의 올을 올올이 제자리에 앉히고 반드럽게 하는 일입니다. 그뿐만 아니라 어려웠던 시절을 살던 우리네 어머니들이 말 못 할 심정을 달래는 일이기도 했습니다. 다듬이질할 때 방망이를 두드리는 소리의 강약이 가슴속에 숨겨져 있는 마음의 표현이었습니다. 사람들은 다듬이질 소리를 들으며 다듬이 하는 아낙네들의 심정을 가늠할 수 있었습니다.

다듬이 소리는 우리네 어머니들의 애환을 녹이는 소리였습니다. 어머니들은 케케묵은 가부장제와 남존여비 관습에 억눌리고 시집 식구의 눈치를 보며 살아야만 했습니다. 말로도 표현 못 할 스트레스를 받으며 살았던 것입니다. 그 울분이 원한으로 맺히기 전에 분출시킬 수 있는 통로가 다듬이질이었습니다. 다듬이 소리가 깊은 밤일수록 요란했던 것은 그만큼 맺힌 사연이 구구절절했다는 뜻입니다.

다듬이질 소리를 가만히 귀기울여 들으면 무언가 애원하고 하소연하는 듯 들리기도 했습니다. 어쩌면 어머니는 없는 살림에 다가오는 기일의 제삿장 볼 걱정을 하셨는지도 모르겠습니다. 우리들 공책 값이며 학비 마련을 생각하며 시름에 잠겨 다듬이질을 하셨을 것 같기도 합니다.

피도 섞이지 않은 두 여인이 한집안으로 시집와서 시어머니가 되고 며느리로 만난 것은 운명이었습니다. 다듬이질은 마음이 하나가 되지 않으면 속도와 박자를 맞출 수 없습니다. 할머니와 어머니가 달빛 교교한 마루에 마주앉아 양손에 방망이를 들고 절묘하게 박자를 맞추어 두드리는 모습은 신기하기 이를 데 없었습니다.

이때만은 두 분의 호흡이 그렇게 잘 맞을 수가 없었습니다. 방망이 네 개가 크지 않은 다듬잇돌 위에서 부딪치기는커녕 리듬을 타며 빠르게 두드리는 모양은 대단하고 신명나는 묘기 마당 같았지요. 휘영청 달빛 아래 펴져나가는 다듬이질 소리는 운치 가득한

가락이었습니다. 한 집안을 끌어가는 시어머니와 며느리의 합심 동체가 되는 아름다운 순간이었습니다.

유년 시절 고단한 몸을 이끌고 산자락 참외밭 원두막에 올라 현란하게 날아다니는 반딧불을 보며 별을 헤던 밤에 멀리서 다듬이질 소리가 들려오곤 했습니다. 아련하게 들리는 소리에 눈을 감으면 어머니의 온화한 얼굴이 떠올랐습니다. 달빛을 타고 흘러오는 다듬이 소리는 눈을 감으면 더욱 크게 들리는 듯했습니다. 그 평화로운 소리를 들으며 나도 모르게 꿈나라로 빠져들었습니다.

겨울밤이면 화롯가에 둘러앉아 군밤이나 군고구마를 까서 먹으며 다듬이질 소리를 들었습니다. 어머니는 아무 말 없이 우리를 바라보며 빙그레 웃으셨지만 어머니 이마에 맺힌 땀방울을 보면 다듬이질로 지치셨다는 걸 눈치챌 수 있었습니다. 잠시 쉬면서 함께 군고구마를 드시던 어머니는 옛날이야기를 들려주시기도 했습니다. 우리는 꿈결같이 행복했습니다. 그러다가 나도 모르게 어머니의 무릎을 베고 스르르 잠이 들었습니다.

그렇게 다듬이질로 다듬어진 천은 우리 가족의 반듯한 옷매무새를 갖춰줄 옷이 되고 하루 일과를 마치고 깨끗하고 아늑한 잠자리에 들 수 있는 이불호청이 되었습니다. 아이였지만 그 다듬이 소리는 우리 집의 팍팍한 살림에도 어머니가 알뜰히 꾸려 가시는 생활의 안정감이 배어나는 소리라는 걸 나는 알았습니다. 그래서 다듬잇돌 위를 달리는 방망이 소리가 참 좋았습니다. 어머니의 손길로 만들어진 옷과 따스한 사랑이 있어 가난을 이겨낼 수 있었습니다.

이젠 다듬이질 소리가 유년의 기억 속에 남겨진 내 그리운 소리가 되었습니다. 오늘 문득 어머니의 다듬이 소리가 많이도 생각납니다.

◈ 땀과 바꾼 미소 ◈

가을 햇살이 도탑다. 잘 익은 사과들이 탐스럽다. 과수원 옆을 지나면서 바라보는 것만으로도 반갑고 흐뭇한 일이다. 저 과수원을 가꾼 농부의 마음은 어떨까. 지나가는 사람들이 아무리 과일을 탐내며 침을 삼키더라도 땀흘려 가꾼 사람의 보람과 기쁨에는 비길 수가 없다.

농부의 이런 자부심은 갑작스러운 것이 아니다. 한여름 뙤약볕에 온몸을 바친 대가이다. 뜻이 있는 곳에 길이 있듯이 농부는 가을의 거둠을 위하여 여름을 땀투성이로 보냈고 마침내 수확의 계절을 맞이한 것이다. 이제 농부는 여름철의 줄줄이 흘린 구슬땀 대신 미소를 짓고 있다. 조금도 유감이 없고 평온한 웃음이다.

그러나 세상의 다른 한편의 사람들은 농부의 땀방울과 보람을 그렇게 새겨듣지 않는다. 너무 쉽게 이루려 하고 땀흘린 결과를 우습게 보는 경향마저 있다. 노력 없이도 예사롭게 한몫을 잡는 경우가 흔히 있기 때문일 것이다. 그래서 세상은 뒤엉켜 있기 일쑤이고 무엇이 값진 것인가를 까맣게 잊은 채 화려한 무지개를 잡으려 한다. 이런 허황한 삶이 빚어내는 상처나 부작용은 찾아보기가 어렵지 않다.

이런 풍조가 고쳐지지 않는다면 농부의 가을은 을씨년스럽다. 붉은 사과가 퇴락해 보일 수밖에 없다. 농부의 보람은커녕 떳떳한 삶의 미소조차 시대를 못 쫓아간 무능력의 표상으로 보일까 봐 염려된다. 그야말로 내일을 향해 치열하게 살아가야 할 삶의 현장이 뜬구름을 좇아 허송세월하다가 낭패하는 데가 아니라고 누가 장담할 수 있을까.

세상일에는 반드시 때가 있게 마련이다. 무망하게 지나쳐 버리면 무리가 따르고 어려움이 겹치게 된다. 이런 체험은 남의 이야기가 아니다. 나 자신이 겪었던 것들이고 아들, 딸들에게 어떤 경우에도 반복시키고 싶지 않은 일이다. 그래서 목청 돋워 들려주고 싶은 것이다.

'내일'은 여유가 있는 것 같지만 쉬지 않고 다가오는 것이고 준비 없는 내일이란 참으로 허망할 뿐임을 알아야 한다. 미래가 창창한 청소년들은 꿈을 가져야 하고 그 희망을 위하여 쉬지 않고 나아가야 함은 필연적 과정이다.

호랑이를 그리려다 고양이를 그리는 한이 있더라도 할 수 있다는 자신감이 중요하며 어려운 일일수록 집념과 끈기로 최선을 다할 때 다가설 수 있는 것이다. 아무리 높은 태산 아래 서 있다 하더라도 오르고 또 오르면 기어이 정복할 수 있다는 강단성이야말로 내일을 열어 가는 데 꼭 필요한 것이다. 이런 삶의 자세는 오늘날처럼 가치가 뒤죽박죽되어 있는 때일수록 온당한 목표를 세워 나아가야 한다. 정직하게 '내일의 꿈'을 실현할 수 있는 길은 이 도리밖에 달리 없다.

풍성한 과수원 옆을 지나면서 이런 생각을 하는 것 또한 우연이 아니다. 과일나무마다 싱그럽게 매달린 소담스러움이 지난 계절을 돌아보게 한다. 나는 지금 저 과수원의 농부같이 거둘 것이 마땅하지 않고 태평한 웃음을 지을 건더기가 없다. 그것은 때맞춰 가꾸지 못했기 때문이다.

저 과수원의 굵고 단단한 사과들이 노란 햇살 아래 반짝이며 '오늘'을 헛되이 해서는 안 된다고 기듭 알려 주고 있다.

◈ 회전문 ◈

거리에 나가 보면 사람들이 바삐 움직이고 있다. 조금이라도 더 빨리 가기 위해 걸어가도 될 거리를 자동차를 타고 간다. 무엇을 위하여 그렇게 급급하게 서두르는지……. 나는 워낙 상황에 대한 판단이 느리고 운동 신경이 둔하다 보니 빠르게 움직이는 기계 종류는 모두 경계하는 대상이 되고 말았다.

현대인이 갖추어야 할 필수 조건이라고 하는 운전면허를 몇 년 전에 따놓고도 아직 운전할 엄두를 못 내고 있다. 내 손으로 자동차를 움직여서 줄지어 달리는 기계의 대열에 끼일 것을 생각하면

진땀이 절로 나기 때문이다.

또한 백화점에 설치되어 있는 에스컬레이터를 탈 때에도 언제나 조심스럽고 두려운 마음이다. 마음속으로 '하나, 둘, 셋'을 힘주어 세면서 발 놓을 자리를 눈여겨보았다가 단숨에 발을 딛고 올라서면 그제야 안도의 한숨이 나온다. 그 톱니바퀴 같은 계단들의 틈새로 발이 빨려 들지 않은 행운에 감사하게 되는 것이다.

어쩌다가 양손에 쇼핑백이라도 들고 하행 에스컬레이터를 탈 때에는 정말 난감하다. 잘못 발을 내딛다가는 당장 아래로 곤두박질쳐 버릴 것만 같아 온몸의 신경이 발끝에만 몰려 있다. 다이빙대 끝에 선 수영 선수의 심정이 이러할까? 아랫배에 힘을 단단히 주고 오른발, 왼발을 차례로 재빠르게 계단에 내디디고 나면 일단은 성공한 셈이라서 마음을 놓는다. 중심을 못 잡아 몸이 기우뚱했어도 속으로는 쾌재를 부르는 것이다.

무엇보다 나를 곤란하게 하는 것은 요즈음 대부분의 빌딩 입구에 설치된 회전 유리문이다. 옆에 일반적인 출입문을 두고도 왜 굳이 빙글빙글 돌아가는 회전문이 있어야 하는지 나는 도무지 알 수가 없다. 혹시 드나드는 어린이들을 즐겁게 해 주기 위해서라면 수긍이 가겠지만.

어쩌다가 큰 건물에 들어갈 때면 나는 회전문 앞에서 항상 긴

장감을 느낀다. 마치 어릴 때 친구들과 줄넘기 놀이를 하면서 줄넘기 줄을 돌리는 회전 속에 들어갈 때처럼 말이다. 어린 시절 윙윙 돌리고 있는 줄의 선회 앞에서 정확한 뛰어들기를 하기 위해 얼마나 많은 망설임과 결단을 반복했던가. 때로는 비장한 각오 끝에 두 눈을 꼭 감은 채 덤벼들곤 하지 않았던가. 실패하지 않기 위해서는 무엇보다 호흡을 잘 가다듬고 단숨에 들어서야 한다. 줄에 발이 걸리지 않고 한순간에 뛰어들어야 하는 행위는 상당한 민첩함을 요구했다.

회전문 앞에서도 마찬가지다. 나의 몸을 용납하는 공간이 미처 내 앞에 오기 전에 미리 그곳을 향하여 전진해야 하는데 어려움이 있는 것이다. 회전문에 일단 들어서면 자신의 의지와는 관계없이 문의 속도에 발걸음을 맞추어야 한다.

직립 인간으로서 두 팔을 흔들며 유유히 걷는 자유를 잠시 동안이나마 유보하지 않을 수 없는 것이다. 마치 무성영화 시대의 찰리 채플린같이 발걸음을 짧게 놓아야 무사히 회전문을 빠져나올 수 있다. 따라서 외형상의 군자다운 체면과 품위를 지키기에도 회전문은 합당치 않은 것이다.

나는 상상하곤 한다. 아무래도 회전문이 자리해야 할 곳은 고층 건물의 입구가 아니라 연극 무대 위가 아닐까 하고. 회전문이야말로 마술사의 소도구로 쓰임직하지 않은가. 들어갈 때에는 젊은 아가씨였다가 나올 적에는 허리 굽은 할머니가 된다든지 호랑이가 들어가서 고양이로 변해 있다든지 하는 일이 적당할 것 같다.

때로는 나 같은 사람으로 인해 회전문 앞에 사람들이 밀리기도 하는데 서로 양보하고 나중에 들어가겠다고 사양하는 것이 여기서는 미덕이 못 된다. 마음의 준비가 된 사람부터 먼저 회전문을 통과하는 게 잘하는 일이다. 장유유서의 아름다운 질서를 잠깐 잊어야 하는 것도 일방적으로 제 돌아가기에만 바쁜 회전문 앞에서이다.

살아가면서 나에게 부딪쳐 오는 일들도 회전문 앞에서처럼 망설이고 뒤로 미룰 때가 많다. "아차!" 했을 때는 한 발이 늦었음을 발견한다. "이번에는 꼭." 하면서도 유리문이 빙빙 돌아 지나가면 제때에 끼어들지 못하고 몇 개나 놓치며 머뭇거린다. 정작 들어서고 보면 벌써 몇 바퀴를 돌고 난 뒤가 된다.

모든 일이 너무 정신없이 빨리 돌아간다. 때로는 삶의 궤도를 좀 느슨하게 늦추고 싶어도 돌고 도는 유리문 앞에서처럼 현기증과 당혹감이 들 때도 많다. 언젠가는 회전문에 떠밀리듯이 세상의 한편으로 밀려나 버릴지도 모른다는 생각이 든다. 자동차로 내달리고 에스컬레이터에 두 발을 올린 채 그렇게 딴 겨를이 없이 서두르지 않아도 목적하는 곳에 도착할 것이다.

회전문 앞에 설 때면 나는 이 세상에서 내가 차지하고 있는 공간에 대한 불확실성을 첨예하게 느끼곤 한다.

제 3 부

내 마음에 핀 민들레

◈ 웃고 뛰고 춤추는 계절 ◈

옛날의 농촌은 영원한 원시 공간이었다. 그 속에서 살았던 나의 소년 시절은 들녘에 서면 목동이었고 물에 들면 물개, 산기슭에 앉으면 토끼였다. 나는 산이 되었고 하늘이 나였으며 물도 나였다. 그곳에선 높은 지식이 다 무슨 소용이 있으랴. 태곳적부터 있어 온 자연뿐이었다.

한낮의 땡볕이 물러나고 강변에 산그늘이 드리워지면 나는 강 속에 선 작은 어부가 된다. 낚싯대를 들고 수면을 바라보고 있으면 손가락만 한 피라미가 풀쩍풀쩍 뛰어오른다. 수면 위에 까닥거리는 파리를 붙잡기 위해서다. 그러나 파리가 아니다. 속임수로 만든 파리낚시다. 털 속에 날카로운 바늘이 숨어 있는 것을 모르는 고기들은 입이 꿰어지면 반사적으로 요동치며 허공에 몸을 드러낸다. 그때 나의 팔에는 감격의 몸서리가 일어난다. 그 쾌감은 온몸에 전율로 달리는 즐거움이다.

경남 함안에서 십 리를 거슬러 올라간 곳에 나의 고향이 있다. 지금은 입곡 유원지가 만들어지고 많은 관광객이 저수지와 아라 둘레길에 구경을 온다. 그곳에서 소년 시절을 보낸 나는 고향 언저리에서 노후를 보내고 있다.

농촌의 여름밤은 모기의 난리판이다. 그들은 피를 좋아한다. 종아리가 따끔해서 손바닥으로 치면 피가 묻어 나온다. 모기 배에 가득 채워진 남의 피가 나의 종아리에 묻는다는 사실은 불쾌한 일이다. 그들을 몰아내기 위해서 마른풀 더미를 갖다 놓고 불을 붙인다. 연기가 많이 날수록 모기는 빨리 도망간다. 모기를 쫓고 멍석에 앉아 삶은 옥수수를 뜯고 있으면 밤하늘이 매우 아름답다.

북두칠성이 어디 있느냐? 다섯 걸음을 간 곳에 북극성이 있다던데? 하면서 밤 시간을 보내고 있으면 일찍 나온 귀뚜라미가 또르륵또르르륵 독창에 열중한다. 독창과 독창이 어우러져서 주변은 교향악의 연주장이 된다. 캄캄한 밤을 바람처럼 지나가는 불빛이 있다.

반딧불이다. 지금은 밤하늘에 가끔씩 인공위성이 지나가지만 그때는 지상에 반딧불이가 날고 있었다.

개구리 우는 소리가 너무 시끄러워 왕이 잠을 잘 수 없었다. 개구리를 불러오라 했다. 우는 이유를 물었더니 개구리는 달팽이가 제 집을 등에 업고 다니는 것이 우스워서 크게 웃었을 뿐입니다, 하며 운 것이 아니라고 대답했다. 왕이 달팽이를 불러 너는 왜 집을 등에 메고 다니느냐고 물었다. 밤이 되면 개똥벌레가 불을 켜고 다니기 때문에 집에 불이 붙을까 봐 메고 다닌다고 했다.

왕은 개똥벌레를 불러서 또 물었다. 개똥벌레는 모기가 덤벼서 피를 빨까 봐 불빛으로 막으려는 것입니다, 했다. 이번에는 모기를 불렀다. 모기는 "창조주의 명령을 받아 임무를 수행하고 있습니다."라고 했다. 그 임무란, 사람이라는 동물은 다혈질이 섞여 있어 이들 때문에 세상이 시끄럽다, 그러니까 그들의 피를 좀 빼야겠다는 것이었다.

위의 이야기는 우화의 한 토막이다. 모두가 한여름에 일어나는 현상들이다. 그런데 지금은 농촌에도 개똥벌레가 없어졌단다. 다혈질의 사람이 오늘날 더욱 많아진 이유가 사라진 개똥벌레 때문인 것 같기도 하다.

여름의 강변은 화롯불과 같다. 강변이 햇빛에 달아서 걷기조차 힘들다. 그래도 모여드는 곳은 강변뿐이었다. 여기저기에서 더위를 피해 와서는 먼저 옷을 홀랑 벗는다. 고추를 달랑달랑 바쁘게 흔들면서 강변의 모래를 밟는다. 불에 달구어진 다리미같이 발바닥이 뜨겁다. 그럴 때는 발꿈치로 걸어야 한다. 성큼성큼 뛰어서 개구리처럼 물속에 맨몸을 던지면 일순 행복감이 전신에 퍼진다. 고통이 있었기 때문에 행복이 온다는 진리가 그곳에도 있었다.

여름의 강물은 아이들의 놀이터다. 흔들고 밀고 당기고 치고 박고 풍덩거리노라면 오슬오슬 한기가 느껴진다. 진신에 소름이 돋으면서 햇볕이 그리워진다. 그때는 그 뜨겁던 강변이 온돌방이 된다. 배를 모래에 붙이고 엎드려 있으면 추위가 금방 사라지고 다시 물속이 생각난다.

처음엔 개헤엄을 치고 다음은 평영으로 나아가고 그다음엔 하늘을 향하여 배영으로 누워 느긋하게 물을 즐긴다. 누가 가르치는 것도 아닌데 저절로 배워진다. 그리하여 마침내 발헤엄의 시합을 한다. 두 팔을 허공에 뻗쳐 손을 맞잡고 발로만 헤엄을 치는 시합이다. "용이 똥!" 하는 신호가 내리면 깊은 곳을 향해 발을 빨리 움직인다. 그런데 좀체 앞으로 나아가지지 않는다. 발을 쉬면 그대로 몸이 물속 깊이 가라앉는다.

하마 같은 암소를 몰고 풀을 먹이는 일도 농촌에서는 소년이 담당한다. 우리 집에는 소가 없었다. 그래서 옆집 친구를 따라다녔다. 초원이라고 할 수 있는 산기슭에 이르면 그때부터 소에게 자유를 준다. 그런데 암소는 너무 순하다. 열두 살밖에 안 되는 소년에게 끈이 묶여 이끄는 대로 따라간다. 소 걸음이 느리면 잡은 끈으로 소의 엉덩이를 철썩 친다. 반항도 할 줄 모르는 큰 몸이 움찔, 움직일 뿐 바보처럼 걸음이 빨라진다. 대항할 줄 모르는 그 둔하고 순한 암소에게 나는 "바보 같은 자식!" 하는 불만이 항상 일어났다.

암소는 장자나 노자를 뱃속에서부터 공부하고 나온 모양이다. "지는 것이 이기는 것이다."를 실제로 실행하는 동물로 보인다. 그들을 산기슭에 풀어놓고 목동들은 제멋대로 자기 시간을 보냈다.

고향의 여름은 나른한 때도 있었다. 하릴없이 긴긴 한낮을 보내는 동안이다. 삼십 대 때 나는 이상의 수필 〈권태〉를 좋아했다. 나른한 농촌의 한가함을 구체적으로 그리고 있었다. 그때는 대자연에 대한 인식이 높았기 때문이다. 농촌의 여름! 그곳은 영원한 향수의 저장소이다.

이광수는 자신이 농촌에서 자란 것을 자랑하고 있었다. 돌아와서는 가고, 지는 계절이 봄, 가을, 겨울이라면 여름은 웃고 뛰고 춤추는 계절이다. 인생의 아름다운 계절이 청춘이듯이 여름은 사계절의 청춘이다. 그 청춘을 농촌에서 보냈다는 것은 내게 다행이고 큰 복이다.

그 찬란하게 쏟아지던 아름다운 시절은 인생을 나아가는 내 안에서 항상 싱그럽게 꿈틀대며 삶의 원동력이 되어 주고 있다.

◈ 밤비 오는 소리 ◈

우리가 살고 있는 세상에는 침묵으로 말하고 내면으로 스며드는 아름다운 노래들이 있다. 베토벤과 브람스 같은 천재적인 음악가들은 자연의 비밀스러운 소리에 남다른 귀와 감각을 가지고 훌륭한 음악을 작곡했다.

우리 보통 사람들이 자연으로부터 쉽게 들을 수 있는 아름답고 경이로운 소리들도 있다. 강물 위를 나는 철새 떼의 울음소리며 초여름 무논에서 들려오는 개구리 소리, 깊어 가는 가을밤 별빛 아래의 풀벌레 소리는 얼마나 유머러스하면서도 구슬픈가.

햇빛 찬란한 봄 언덕에서 들려오는 송아지 울음소리와 한적한 시골집 담장 위에서 대낮의 정적을 깨뜨리며 홰를 치고 우는 수탉 소리는 상실된 유년의 뜰을 불러들이며 우리 가슴에 깊고 긴 여운을 남긴다.

소나기가 쏟아지는 날이면 두려우면서도 천둥소리가 듣고 싶다. 한여름 밤의 폭우를 대지에 내리꽂으면서 울리는 뇌성은 공포감을 동반한 저릿한 통쾌함이다. 신이 먹구름 뒤에서 세상을 찰나에 날카로운 빛 속에 집어넣는 것 같은 번갯불과 우주를 무섭게 무너뜨리는 듯하는 천둥소리는 사람의 마음을 쿵 하고 내려앉힌다. 거미줄처럼 엮인 번뇌의 사슬을 한순간에 끊어버릴 듯하다.

자연에선 우리가 귀기울이지 않으면 놓치기 쉽고 묻히거나 사라져 버리는 아름다운 소리가 있다. 밤비 오는 소리다. 밤비 소리가 서정성의 극치로 들리는 것은 어둠 속에 저희들끼리 가만가만 내려서인지도 모른다. 조용히 비 오는 소리는 한밤중이나 새벽 같은 정적의 시간이 아니면 그것이 지닌 아름다운 여운을 접할 수 없다.

대낮의 빗소리는 소낙비가 아니면 쉽게 들을 수가 없다. 하늘 끝까지 쌓인 소음 때문에 어두운 밤에 들리는 소낙비 소리와는 다르다. 나뭇잎에 굵은 빗방울 듣는 소리는 무심결에도 가슴이 후드득해진다. 낙숫물 소리도 구름이 어둡게 끼어 있는 대낮에는 청승

맞고 구슬프지만 밤에 들리는 빗소리는 현악기에서 울려 나오는 것 만큼 우아하다.

봄밤에 오는 빗소리는 이 세상에서 들을 수 있는 그 어느 소리보다 깊고 부드럽다. 가는 빗소리는 가는 대로, 추적추적 내리는 비는 추적이며 젖어드는 대로 독특한 소리를 지니고 있다. 봄밤의 비는 잠이 들었다가도 단박 깨어서 창밖의 소리에 귀기울이게 한다. 모든 것이 잠든 고요한 밤에 혼자 눈을 뜨고 문밖에 비가 오는 소리를 들으면 문득 기차를 타고 멀리 떠나와서 어느 종착역에 도착한 듯하다.

갑자기 지붕에도 뜰에도 퍼붓는 빗소리는 사원의 종탑에서 울리는 은빛 종소리로 퍼져나가서 가슴에 울림을 준다. 예고 없이 밤에 들어붓는 빗소리가 들려오면 그 순간만은 생활인으로서 가졌던 나의 사소한 욕심마저 사라진다. 먼 과거로 거슬러 가서 내가 본의 아니게 지은 잘못도 슬며시 떠올라 반성까지 하게 된다.

한밤중이나 새벽녘에 잠을 깨우며 몰려와서 세상을 두들기는 소낙비의 낙숫물 소리는 처연해서 낯익은 쓸쓸함을 안겨 준다. 어둠을 타고 천천히 내리는 보슬비 오는 소리는 아련한 그리움이다. 조용히 흐르는 밤비 소리는 깊은 밤에 잠을 깬 사람만이 들을 수 있다. 가랑비는 잠을 깨우고 사라졌다 우리가 귀기울이면 다시 돌아온 듯 들린다.

마음이 어지러운 사람에게는 그 고운 소리가 살그머니 비켜 갈 수 있기도 하리라. 밤에 잠을 자다가 눈을 뜨고 자신을 돌아보고 각성하거나 후회하는 사람에게는 천상에서 내려와 흐르는 미사곡처럼 들린다. 그 소리는 병아리 깃털처럼 부드럽고 산 그림자를 지우며 날아가는 학의 날갯짓만큼 긴 여운을 지니고 있어 일상에서 다치고 상처 입은 마음이 위로받는다.

향수를 실어다 주는 밤비 오는 소리는 누가 들어도 애잔함에 틀림없다. 그러나 그것은 결코 감상의 물결로 흐르지 않고 비수처럼 절제된 리듬 속에 우리의 마음을 씻게 하고 행복을 영원히 재현시키려는 욕망을 일으킨다. 밤비 소리는 순수의 시절에 간직해 둔 투명한 마음을 열고 들어와 내 최초의 행복을 찾아 준다. 오래 잊고 있던 순백의 눈물이 핑 돌며 그것에 입맞춤한다.

그러나 밤비 소리를 듣기란 그렇게 쉽지 않다. 일 년을 두고 관찰해 보아도 밤에 비가 오는 소리를 듣는 경우는 몇 번 되지 않는다. 구름이 산마루에 내려오는 장마 때도 한밤중이나 새벽녘에 잠에서 깨어나지 못하면 밤비 소리를 듣지 못한다. 영겁으로 흐르는 시간이지만 최초의 원시적인 행복을 생각하고 마음으로나마 꾸밈없이 재현시켜 본 순간이 우리들의 삶 가운데서 몇 번이나 될까.

비가 내리면 빗물 소리에 귀기울이고 싶어서 잠을 이루지 못한 때가 많다. 그러나 잠이 들지 않은 상태에서 듣는 것과 문득 잠이 깨어 듣는 빗소리는 사뭇 다르다. 잠결에 듣는 비 오는 소리가 가슴 저 밑에까지 흘러드는 것은 잠이 마음에 묻은 헛된 욕망과 시름을 씻고 자분자분 다가와 마음을 만져 주기 때문이다.

밤비 오는 소리는 그냥 사랑스럽다.

◈ 존재의 향기 ◈

세상에 존재하는 것은 나름대로 빛깔과 향기와 울림을 가지고 있다. 내게 있어 새벽 바닷가를 거닐면서 바라보는 수평선에는 설렘이 있고 저녁 산마루에 붉게 번져 오는 노을은 휴식과 평화가 스며 있음을 본다. 목련꽃 그늘엔 그리움이 자리 잡고 라일락 향기에는 비밀스러운 사랑의 언어가 감추어져 있지 않은가. 봄 하늘에 날아오르는 종달새 소리는 생명의 약동이 터져 나오고 창공에 높이 올라 거침없이 나아가는 독수리의 활짝 펼친 날개엔 제어하기 어려운 위엄이 서려 있다.

길지 않은 생의 틈바구니에서 아름다운 순간들을 만날 수 있는 것은 축복받은 일이다. 아니, 진정 행운인 것은 그 순간을 느낄 수 있는 인간으로 존재함이 아닐까 한다. 자연이나 사물, 인간을 서정적으로 바라보는 것은 보는 사람의 내면에 깊은 정서를 지니고 있다는 의미이다. 아름다움을 추구하는 영혼이 담긴 인간으로 존재하는 것이야말로 참으로 행복한 일이다.

감탄스러운 자연 앞에서 그저 덤덤한 사람은 자연을 단순한 돌멩이나 휴지조각처럼 생각할 수도 있을 것이다. 관심을 끄는 대상이 나의 내면과 관계를 맺지 못하는 상태라면 나에게 무가치한 존재이다. 내 안의 저 밑에서 나를 건드리고 흔들 때 존재적 의미의 표상이 된다. 눈으로 보거나 만질 수 있고 논증할 수 있기 때문에 나와 연결되며 확인하게 된다.

누군가를 사랑해 본 사람은 안다. 나에게 그 사람이 존재함으로써 사랑은 실재한다. 마음에 울림을 주는 향기의 파장을 전하기에 그리워한다. 간곡히 가슴으로 붙잡은 대상을 향한 떨림으로 애가 타서 오직 만남을 꿈꾼다.

눈앞에 펼쳐진 망망한 바다에 무엇인가 보이지 않는다고 수평선 너머에 아무것도 없다고 단언할 수 있는가? 막막하게 비어 있는 바다 앞에서 아득한 수평선을 넘어 돛단배 한 척 나타나기를 오래 기다리는 심정이 절절함이다. 동경이 간절하면 단순했던 믿음은 확신이 되어 내 존재에 의미를 부여하고 내 삶의 방향을 돌려놓기에 이른다. 그리움은 그와 나의 향기와 울림과 떨림으로 만나는 공간이며 소중한 만남으로 인해 내 존재가 가치를 갖게 되는 것이다.

기다리는 사람과 기다리지 않는 사람의 차이는 존재함으로써의 향기와 존재로부터의 메아리를 느낌과 못 느낌의 차이에 달려 있다. 그것의 깊이를 절실하게 느끼는 사람일수록 두드러진 실체가 되어 더욱 확실해질 것이고 서로 일치했을 때의 환희가 더 강렬해진다.

존재의 향기, 엄숙하도록 고귀하다.

◈ 양배추김치 ◈

양배추김치와 보글보글 끓는 된장찌개가 영화의 한 장면처럼 페이드인 된다. 퇴근길에는 허기가 져서 언제나 잘 차려진 식탁이 머릿속에 그려진다. 무더운 여름에는 가만히 앉아 있어도 숨이 턱턱 막힌다. 땀흘리며 일을 한 날엔 고양이처럼 사지가 늘어진다. 이쯤 되면 입맛이 있을 리 없다. 차가운 음식을 찾게 되고 색다른 음식이 기다려진다. 나는 그럴 때 양배추김치를 찾는다.

예전에 어머니가 양배추김치를 자주 담가서 주셨지만 결혼한 후에는 통 구경을 하지 못했다. 내가 그 맛을 잊지 못해 노래를 하자 아내가 몇 년 전부터 양배추김치를 담근다. 양배추의 잎은 배추보다 표피가 단단하고 도톰하다. 그러므로 김치가 되겠는가 하는 사람도 있다. 잎이 두꺼워 맛이 드는 데에 시간이 좀 걸릴 뿐이지 맛이 들면 똑같다. 오히려 배추보다 더 아삭하고 고소한 맛까지 난다.

양배추김치를 담그는 방법은 배추김치 담그는 법과 같다. 포기째 담글 수 없기에 먹기 좋은 크기로 썰어서 담그는 것이 다를 뿐이다. 기호에 따라 깻잎이나 부추나 실파를 적당히 섞어서 담가야 하는데 부추와 같이 담근 것을 나는 가장 좋아한다.

배추김치와 다른 점은 심이 굵기 때문에 맛이 쉬 들지 않는 것이다. 금방 담근 건 맛이 없고 시큼하게 맛이 들어야 제맛이 난다. 간혹 양배추김치의 맛이 별로라는 사람들이 있다. 그런 사람들은 성질이 급해서 김치가 다 익기도 전에 먹었기 때문일 것이다.

양배추는 먼바다를 건너왔지만 우리 입맛에도 잘 맞는 것 같다. 제 고향에선 고작 수프와 샐러드의 재료가 되던 양배추가 이곳에 와서는 그런 용도는 물론이고 각종 요리에 들어가는 데가 많다. 심지어 날것으로 된장과 함께 내놓으면 술안주가 되기도 하고 찜통에 쪄서 쌈이 되더니 이제 김치에까지 이르렀다.

일을 마치고 무더위에 지쳐 터덜터덜 집에 온 저녁, 큰 대접에 밥을 퍼서 양배추김치와 된장찌개를 듬뿍 넣고 쓱쓱 비벼서 먹노라면 천하에 일미다. 나는 시큼한 양배추김치를 먹을 때 TV에서 본 한 외국인이 떠오른다. 우리나라에 오게 된 양배추가 새큼한 맛의 김치인 것과 파란 눈의 서양인이 경상도 사투리를 쓰는 것이 닮아서일까. 그의 구수한 사투리는 경상도 사람보다 더 경상도 말을 잘 구사했다.

그와 같은 외국 사람들이 요즘 많이 눈에 띈다. 한국의 강과 산을 좋아하고 한국 사람들이 좋고 한국 음식이 좋아서 이 땅에 눌러 살겠다고 한다. 멀리 바다를 건너와서 낯설고 물선 곳에서 사는 건 결코 쉽지 않은 일이다. 새 동네에 이사 갔을 때의 생각해 보면 얼마나 서먹하던가. 갓 시집온 새색시도 마찬가지일 것이다. 신입생, 신입 사원, 신병 시절의 어색함은 어떻던가.

그런데 그들은 마치 이 땅에서 태어난 듯 어우러져 잘 살고 있다. 된장과 고추장을 곧잘 먹고 장아찌와 젓갈 같은 토속 음식을 우리보다 잘 먹는다. 어떤 외국 사람은 우리가 불편하다고 외면하는 한옥을 그렇게 좋아한다. 그들을 보면 놀랍고 신기하다.

양배추침치를 먹으면서 나는 가끔 생각한다. 양배추가 우리나라에서 김치가 되고 외국 사람들이 우리의 문화에 젖어들듯이 모두들 그렇게 편안하게 받아들인다면 갈등과 반목은 없을 것이다.

서로 경쟁하여 권력의 우위에 서려고만 하지 말고 평화롭게 함께 하길 바란다. 혹여 서로 생각이 맞지 않아도 언성을 높이거나 거친 몸짓은 자제했으면 한다.

이런 생각들이 확산된다면 너와 내가 웃으며 손잡고 동과 서가 어우러지고 난장을 치는 국회가 조용해질 것이고 남과 북이 얼싸 안지 않겠는가. 머지않아 그렇게 되리라 믿는다. 우리는 외국에서 들어온 양배추까지 김치로 변화시켜 먹는 재간을 가진 민족이니까.

아내가 차려 낸 저녁 식탁에 음식이 그득하다. 내가 좋아하는 양배추김치가 떡하니 가운데에 자리를 하고 있다. 큰 대접에 밥을 덜어 양배추김치와 된장에 비벼 먹는다. 시큼하게 맛이 든 양배추 김치가 아삭아삭 씹힌다. 곰삭은 맛이 기가 막힌다. 우리도 서로를 향해 긍정적으로 이해하고 삭혀서 개인도 국가 간에도 화합을 이루어 거듭나길 기대한다.

◈ 노후 대책 ◈

신문에 재미있는 기획 기사가 있었다. 대기업에서 정년퇴직한 사람들의 은퇴 후 생활을 추적한 기사였다. 대상자들을 두 그룹으로 나누었는데 한 팀은 은행 출신들이었고, 다른 그룹은 건설 회사를 다닌 사람들이었다. 두 팀 다 내로라하는 엘리트들 아닌가. 조사 중 한 항목은 두 그룹 중 어느 그룹이 풍족하게 사는가였다. 당연히 은행원의 은퇴 후 생활이 풍족할 것 같았다. 그들이 재테크에는 더 능숙하지 않겠는가. 그러나 예상은 빗나갔다. 의외로 건설 회사 퇴직자들이 더 풍족한 삶을 살고 있었다.

건설 회사를 사퇴한 사람들은 대부분 자문역으로 회사에 출근하고 있었고, 몇몇은 조그마한 컨설팅 회사를 운영하고 있었다. 은행을 퇴임한 사람들은 대부분 창업을 하여 자영업을 했다. 그들이 한 사업은 하나같이 프랜차이즈 업이었다. 햄버거 피자 치킨 김밥이나 떡볶이 같은 것을 판매하는 패스트푸드점들이었다. 경험이 없어서인지 아니면 경기가 나빠서인가 대부분 퇴직금을 다 날리고 빈털터리가 되어 있었다.

의외의 결과였다. 그들은 왜 그런 사업을 했고 왜 그렇게 되었을까. 그들도 퇴직 후 얼마간 편안하게 쉬었을 것이다. 그런데 도시에 눌러살다 보니 많은 생활비가 필요했을 것이다. 비싼 물가에 아파트 관리비며 생활비가 얼마나 많이 들었겠는가. 통장에서 돈이 빠져나가자 "이거 큰일났구나." 하고 시작했을 것이다. 자신을 잘 알기에 경험이 없어도 된다는 프랜차이즈 사업에 눈을 돌렸을 것이다.

그러나 사업이 어디 그리 쉬운 것인가. 사업이란 피가 튀는 경쟁의 장이 아니던가. 이러저러하다가 그만 퇴직금을 날리고 만 것이다. 차라리 가만히 앉아 있었으면 오히려 지금보다 나을 수도 있었을 것 같았다. 도시 생활을 영위하는 데엔 엄청난 돈이 든다는 것만 입증한 셈이 되고 말았다.

두 그룹 중 단연 눈에 띄는 한 사람이 있었다. 그는 건설 회사 출신이었는데 퇴직금이 거의 줄지 않았다. 그 사람은 도시에 살지 않고 전원생활을 하고 있었다. 그의 월 생활비는 오십만 원밖에 들지 않는다며 그것마저 절반이 경조사비라고 했다. 그렇게밖에 쓰지 않았으니 퇴직금이 그대로 남아 있었다.

결국 전원생활을 택한 그 사람의 퇴직금이 가장 많이 남아 있었다. 그는 독서가 취미여서 읍내 도서관에서 빌려 온 책을 읽는다고 했다. 자그마한 텃밭도 가꾸고 산책도 하며 뒷산에 오르고 이웃의 농사일도 거든다고 했다. 그는 나름대로 바쁘다고 했다. 한가한 때를 택해 일 년에 두 번씩 해외여행도 간다고 했다. 멋진 노후를 보내는 것 같았다.

그 기사를 본 친구들이 전원생활에 관심을 보였다. 그러나 낭만적인 전원생활이라고 생각하면 천만의 말씀이다. 아무나 전원생활을 할 수는 없다. 적성에 맞아야 할 수 있는 것이 전원생활이다. 대체로 정적인 취미가 없는 사람이거나 소일거리로 바지런하게 움직이는 일상을 해나갈 준비가 되어 있지 않으면 전원생활을 견딜 수가 없다. 하루 이틀은 몰라도 며칠 지내기도 어렵다.

아무튼 사람은 나이에 따라서 옷도 음식도 사는 곳 또한 달라져야 하는가 보다. 나이가 들면 수입이 없으니 그에 맞는 곳에서 살아야 하는 것 같다. 친구들과 전원생활에 대해 토론하며 나는 웃었다. 나처럼 글을 쓰거나 난상 토론을 즐겨 하는 사람이 전원생활에 안성맞춤인 듯해서였다.

늘 글 쓸 시간이 부족하지 않던가. 햇살 가득한 방에서 온종일 글을 쓰라고 하면 얼마나 좋을까. 허리가 아프면 들길을 한 바퀴 돌아오면 될 것이고, 그도 지루하면 뒷산에 올라 저녁 식탁에 올릴 산나물이나 한 움큼 뜯어 오면 될 것이다. 때로는 앞강에 낚싯대도 드리우고 전원생활을 택한 그분처럼 읍내에 가서 비디오나 책을 빌려 와 보면 될 것이다. 가끔 문우들을 불러 따뜻한 온돌방에서 엉덩이를 지지며 정담도 나누리라.

나 같은 사람이야말로 전원생활에 딱 들어맞는 것 같다. 돈도 되지 않는 글 나부랭이나 쓰는 사람을 어디에 쓸까 싶었는데 노후 대책으로 이런 경쟁력을 가지고 있다니…….

남해안 가는 길목의 작은 언덕 위에 아담한 황톳집 한 채 짓고 싶다.

◈ 내 마음에 핀 민들레 ◈

함안 산인 자양산 임도길, 둘레길 따라 올라가는 좌측에 어머님 품처럼 생긴 조그마한 못이 있다. 그 못에는 아낙네의 허리인 양 잘룩한 둑이 있는데 둑 가장자리 한쪽에 민들레 한 포기가 자라고 있었다. 노오랗다 못해 흰빛으로 보이는 작은 꽃을 발견한 건 몇 해 전이다. 자양산 둘레길 따라 내려오는 길섶의 잡초들 속에 섞여 보석처럼 자리하고 있었다.

이전에는 들판이나 강변에 지천으로 피어 있는 게 민들레였다. 들녘 논두이나 밭둑에도 돋아 있었고 잔디밭에도 작디작은 키로 앙

바틈하고 있었다. 연분홍 복사꽃이 봄 햇살에 취하여 하르르 흩날리는 못둑에도 여지없이 뿌리를 내리고 있었다.

나는 민들레꽃을 참으로 좋아한다. 작은 나비가 허공을 맴돌다 민들레에 내려앉는다. 어쩌다 꽃잎이 하늘거리는 패랭이꽃이라도 같이 피어 있으면 더욱 예쁘게 어울려 보인다. 내가 그만큼 마음을 줄 수 있었던 것은 튤립이나 양귀비처럼 아름다워서가 아니다. 철쭉이나 개나리처럼 화려해서도 아니다. 목련같이 우아하거나 벚꽃처럼 현란해서도 아니다. 또한 장미처럼 유혹적이거나 라일락같이 짙은 향기 때문도 아니다. 그렇다고 민들레는 사람의 보살핌을 받으며 꽃밭이나 화분에서 의젓하게 자라는 것도 아니다. 그냥 수수한 내 어머님을 닮은 꽃이기 때문이다.

잡초 같으면서도 막되어 보이지 않고 한결같이 밝은 모습인데도 키를 낮춰 티를 내지 않는다. 오가는 사람들의 발길에 밟혀 죽을 것 같다가도 다시 살아나는 생명력 생생한 꽃이라서 더욱 좋아한다. 더구나 식량 사정이 좋지 않을 때에는 여린 잎은 나물로 먹을 수 있었고 늙은 뿌리는 약재로 사용되었으니 어쩌면 온몸을 사람에게 희생하는 살신성인 정신으로 세상에 나온 것 같다.

내 어릴 때만 하여도 흉년이 지면 어머님은 쑥과 민들레 잎을 많이 따오셨다. 쑥은 삶아서 쓴 물을 빼고 밀가루와 반죽을 하여 쑥털

털이를 만들어 주식으로 주셨고, 민들레 잎은 된장에 무쳐 나물로 밥상에 올려 주셨다. 올망졸망 자라나는 네 자녀의 허기를 면하게 해 주시려고 어머님은 민들레를 나물바구니에 담아오셨다.

민들레는 메마른 땅일수록 잘 자란다. 척박한 땅이라도 바람이 듯 구름인 듯 돋아나 아무도 눈여겨보지 않아도 가을날 달빛처럼 청담스레 꽃을 피운다. 땅바닥을 어루만지듯 몸을 낮추어 이름 없는 풀과 작은 풀벌레와 정답게 얘기를 나누며 방긋이 웃고 있는 꽃이다. 민들레는 향기를 갖고 있다. 멀리서 느낄 수 있는 짜릿한 향기가 아니다. 온통 사람을 취하게 만들었다가 돌아서면 쓸쓸해지는 요염한 향기도 아니다. 있는 듯 없는 듯한 은은한 향기다.

민들레가 기름진 땅과 거친 땅을 가리지 않고 제 앉은 자리를 운명의 곳으로 여기는 모양이 내 어머님 같다. 목련처럼, 벚꽃처럼 굵고 튼실하게 뻗어 오른 줄기 하나 못 가진 채 햇살 한줌 받아 보려고 땅을 헤집고 조그마한 얼굴 내민 모양새가 눅눅한 삶을 숙명으로 받아들인 나의 어머님과 흡사하다. 제 뿌리 내린 땅을 잊지 못해 잎들이 땅 쪽에 낮춤하게 자리 잡은 품이 어머님의 고운 품성 그대로다.

하지만 태어난 이 세상을 그냥 스쳐 지나가지는 않겠다는 듯 민들레는 야무진 태도를 가다듬고 있다. 암팡지게 뿌리를 거느리고 매력적인 무성한 잎들을 차곡차곡 통솔한 양이 아무래도 생활 속의 내 어머님과 다름없다. 꽃이어서 무턱대고 살지는 않겠다고 제 얼굴을 사랑스럽게 바람결에 내민 것 또한 어머님 모습이 연상된다. 대자연에 다 내어준 마음을 다져 잎을 틔우고 꽃을 피워서 마침내 솜 같은 꽃씨를 날려 또 다른 생명을 묻고는 찬바람에 가뭇하게 사라지는 생의 마지막 자세마저도…….

내 어머님이 그러했다. 고운 모습에 언제나 웃음을 머금어 마치 이른 아침 꽃잎에 맺힌 이슬 같은 분이셨다. 비록 구순을 고비로 일생을 마감하셨지만 총명하고 지혜로운 품위는 하늘빛처럼 맑아 단아하셨다. 그런 분이 민들레 갓털 날려 보내듯 온몸을 불사르고 나의 곁을 떠나셨다.

언젠가부터 민들레가 사라져 가고 있다. 확실한 원인은 모르지만 경지 정리를 하여 술 취한 걸음새 같던 논둑이 반듯반듯해지면서 민들레가 안 보이기 시작했고 제초제를 살포하면서부터 점점 없어졌다. 폭우로 강둑이 밀려나면서 민들레는 씨가 마른다. 이 모두가 인간이 자연 질서의 혼란을 초래하기 때문이다.

민들레를 처음 본 듯이 맞이한 그날 아침처럼 자양산 밑 못둑에는 민들레가 저 홀로 싹을 틔워 잎을 내밀고 있다. 마치 내 어머님을 본 듯이 반갑고 정겹다. 항상 민들레가 나의 잔상을 추억처럼 비

추듯이 어머님의 삶과 사랑이 내 인생의 영원한 촛불이 되기를 염원하면서 오롯이 새겨본다.

민들레 같은 내 어머님을.

사랑하는 어머님을.

◈ 작은 종지처럼 ◈

계절이 바뀌는 길목에 서면 집안 정리가 숙제처럼 여겨진다. 해묵은 살림살이가 갑자기 복잡하게 느껴져 찬장을 정리하려고 그릇을 가득 꺼내 놓았다. 경기도 이천 도자기 축제에서 사온 우리나라 전통 문양의 접시 세트, 문경의 도예 가마에서 구워 온 주전자도 있다. 선물로 받은 외국산 커피잔과 내가 취미로 배워서 만든 생활도자기 등 층층이 쌓인 수많은 그릇들을 보면 거기에 얽힌 추억이 되살아나서 모두 정이 간다. 그러나 자리만 차지하고 있을 뿐 몇 년 동안 한 번도 쓰지 않은 그릇도 꽤 있다.

한편 그와 반대로 매일 쓰면서도 싫증나지 않고 애착이 가는 게 있다. 앙증맞게 생긴 종지다. 종지와의 인연은 특별하다. 도시에서 우리 집 옆으로 이사 온 한 가정이 있었다. 부부가 아주 성실하였고 남을 배려하는 마음이 커서 나랑 쉬이 친해졌다. 그들이 조심스레 말하기를 투박한 대구 사람들에게 적응하느라 힘들었지만 갈수록 푸근해진다며 이곳 생활을 좋아했다.

몇 년이 지난 어느 날 회사의 전보 발령이 나서 다시 도시로 가게 되었다며 우리 집에 찾아와 나에게 선물을 건네주었다. 조그만 상자 속에는 아이의 주먹만 한 종지가 두 개 포개어진 채 뚜껑까지 딸려 있었다. 깨알같이 쓴 편지에는 낯설었던 이곳에 왔을 때 따뜻하게 대해 주어서 잘 동화할 수 있었고 참으로 고마웠다며 작은 성의를 표하니 기억해 달라고 하였다.

그로부터 지금까지 우리는 그 종지를 거의 매일 쓰는 편이다. 이처럼 잘 쓰일 것을 예상하고 주었는지 몰라도 자주 쓰면서 그 의미를 생각해 본다. 작으면 어떤가. 제 역할에 맞고 쓰임새가 좋으면 최고다. 종지는 음식을 담은 다른 큰 접시 옆에 꼭 필요한 양념을 담은 채 날마다 상에 오른다.

호박부침개를 부친 날엔 간장소스를 담은 귀여운 소완으로 옆에 놓이고, 떡을 먹을 때면 꿀을 나부죽이 담고, 감자튀김을 하면 토마토케첩, 오징어를 구우면 마요네즈를 담으니 얼마나 요긴하게 쓰이는지 모른다. 오늘은 메추리알을 삶아서 큰 접시에 담고 종지에는 소금을 담아 곁들여 놓았다. 이처럼 몇 년 동안 꼬박꼬박 어김없이 쓰이는 그릇도 아마 드물 것이다. 종지는 드러나지 않게 살며시 다가서는 겸손한 사람을 닮았다.

사람도 마찬가지일 것이다. 겉모습이나 학벌이 그럴싸하여도 사회에서 별로 쓰임을 받지 못하는 사람들이 있다. 그런가 하면 비록 내세울 것이 없어도 자신의 자리를 꿋꿋이 지키며 꼭 필요한 일을 하는 사람들은 무수히 많다. 그런 사람들이 있어서 세상은 더 발전하고 긍정적으로 나아가는 것이리라.

언젠가 신문 기사에서 본 기억 속의 한 사람도 이와 같았다. 환경미화원인 그는 자신이 맡은 청소 구역의 빈터마다 꽃씨를 뿌리고 꽃을 피워서 오가는 사람들을 기분 좋게 하였다. 취재 기자에게 말하기를, 날마다 출근해서 자신이 지구의 한 모퉁이를 맡아 아름답게 가꾼다는 심정으로 즐거이 일한다고 했다. 나는 그가 우리나라 국민으로서 받는 노벨상 수상자만큼 귀하게 여겨졌다.

우리도 세상의 그릇들이리라. 우리가 세상에 오게 됨은 그분의 뜻이니 자신의 역량대로 어딘가에 쓰임 받을 수 있다면 참 좋겠다. 때때로 꼬마의 밥그릇이 되고, 고급 한정식당의 유기그릇이 되기도 하고, 더러는 어느 허름한 국밥집의 투박한 뚝배기도 되고, 경우에 따라서는 씩씩한 군인들의 식판으로도.

요모조모 쓰이는 그릇을 보면 사람과의 공통점이 무척 많다. 조물주는 흙으로 우리를 빚으신 토기장이고 우리는 그의 작품이다. 나도 하나의 필요한 그릇으로 어디든 적절하게 쓰이고 싶은 것이다. 비록 작지만 때마다 요긴하게 쓰이는 종지처럼

◈ 조화 ◈

축의금을 보내려고 동네 우체국을 찾았다. 섣달엔 혼례를 올리지 않는 게 예전 풍습이었지만 그런 가림은 이미 없어진 지 오래다. 추위도 문제삼지 않는다. 음력 정월은 물론, 영등할매 내려오느라고 바람이 심하게 불어서 혼례를 자제하던 음력 이월도 요즘엔 마다하지 않는다.

월요일엔 눈이 오리라는 기상 예보이고 보면 친구의 여식 혼례는 오히려 길할 듯도 싶다. 흰 눈을 맞으며 혼례를 올릴 순백 드레스의 신부는 상상만으로도 로맨틱하다. 우체국 문을 밀고 안으로 들어섰다. 달랑 직원 셋과 국장뿐인 작은 사무실은 세밑인데도 예상과 달리 한산하다. 창구 직원과 이야기하는 내 목소리에 국장이 집무실에서 나와 새해 인사를 한다.

오십 대 초반인 우체국장과는 같은 아파트의 이웃으로 오며 가며 바둑을 두는 사이여서 스스럼이 없다. 일을 마치고 나오려는 나를 멈춰 세우며 국장이 뜬금없이 연하장 타령을 한다. "사장님도 연하장을 보내셔야죠. 설이 코앞인데." 연하장? 어리둥절해서 쳐다보는 내게 국장이 당연하다는 듯 부연한다. "새해를 맞아 여기저기 인사를 해야 할 게 아닙니까? 우체국에 준비가 다 돼 있으니깐 명단만 주시면 된다고요."

갑작스러운 권유가 당황스러웠지만 그의 부탁을 따를 생각은 추호도 없었다. 연하장이 다 뭐냐. 단순하게 살고 싶어 남들보다 일찍 사업에 뛰어든 서투른 사업가한테 거추장스럽게 연하장이라니. 이해관계로 얽혀 세상을 살 때에 형식적으로 하던 허례를 그만둔 지 여러 해가 되었다.

정말 그랬다. 연하장을 보내지 않고 지낸 지 벌써 여러 해가 됐다. 하기야 어디 연하장뿐인가. 몇 년 사이에 나한테선 제법 많은 것들이 퇴출을 당해 없어졌다. 혼례식 참석 빈도도 많이 줄었다. 친구나 동기 동창 대부분이 자식들을 출가시켰기 때문이기도 하지만 스스로 몸가짐을 삼가게 되어서였다. 집안 혼사야 참석이 당연했지만 허연 머리를 하고 남의 혼례식장을 들락거리는 것도 별로 볼만한 모습이 아닌 듯해 꼭 참례해야 할 곳이 아니면 축의금만 보내어 인사를 대신한다.

한동안은 상갓집 문상도 부의금만 보내고 참석을 주저했다. 살아온 날보다 살아갈 날이 훨씬 짧게 남은 몸을 끌고 상갓집에 어슬렁거리는 것도 보기 흉하리라는 자격지심에서였다. 하지만 무남독녀로 자란 한 여성 문인의 부친상에 갔다가 느낀 바가 있어 가능하면 문상을 빠지지 않고 참석하려 애쓴다. 문상객이 적어 쓸쓸해하던 상주를 보며, 문상이란 돌아가신 망자의 명복을 비는 일이지만 남겨진 사람을 위로하고 슬픔을 나누는 데에 의미가 있다는 사실이 새삼스러웠기 때문이다.

상가에 손님이 없어 썰렁할 때면 나는 내가 참석하기 잘했다는 느낌을 훨씬 많이 받는다. 조화도 두세 개만 세워진, 어딘지 조촐한 상가에 더 마음이 쓰인다. 그런 집일수록 상주는 나의 참석에 더 크게 위안을 받는 듯했고 그런 상가에선 내가 더 소중한 문상객이 된 생각이 든다. 나는 국도 한 그릇 더 청해서 먹고 술도 한 잔 더 마시며 자리를 잡고 앉아 있다 느지막이 나온다.

상가에 가서 줄 세워진 조화를 볼 때마다 나는 서너 해 전 꽃집에서 만난 후배 고 사장이 하던 말을 떠올리며 문상의 의미를 되새기고는 한다. "친구 상가에 꽃 좀 보내려고 왔어요. 그 친구 평소에 남의 빙모상까지 챙길 필요가 있느냐며, 동창이라고 해도 생전에 일면식도 없는 부모상에 왜 가느냐며, 문상을 안 다니더니 정작 자기가 모친상을 당하니까 손님이 없는 거예요. 학교 다닐 때 집에 놀러 가면 고구마도 쪄 주시고 하던 분인데……."

세를 과시하듯 조화가 줄줄이 늘어선 상가보다 조화 몇 개만 세워진 상가에는 더한 정성이 담긴 듯하다. 망자의 살아생전의 덕을 기억하며 얇은 지갑을 열어서 보낸 진심 어린 화환 같아서이다. 조화 서너 개 세워진 상가에선 더욱 경건한 마음으로 망자의 명복을 빌게 된다. 그런 문상을 다녀온 날에는 고인을 추모하며 저승에 계신 아버지도 생각나서 구슬픈 심정에 젖는다.

◈ 비 오는 날의 해바라기 ◈

빗줄기가 굵다. 처음 한나절은 더위를 식혀 주어서 반갑더니 차츰 눅눅하고 축축해지는 것이 이제 그만 내렸으면 하는 마음이다. 게다가 밤에는 서늘한 추위마저 느껴져 어젯밤에는 아궁이에 장작개비를 몇 개 던져 넣기까지 했다. "젊은 놈 몸띵이가 어디 그래가꼬 쓰겄나." 하며 노모는 혀를 끌끌 차셨지만 새벽엔 '따땃~'한 것이 참말로 좋았다. 어린 아들놈은 윗목까지 기어 올라가 늦잠이었고 나는 아랫목에 등짝을 대고 누워 낙숫물 소리에 애절해했다.

오늘같이 비 오는 날에는 찾아오는 손님도 없을 것 같다. 사람이 그리운 시골에서는 물총새라도 앉았다 가면 반갑지 않던가. 비를 피하러 들어온 새들이라도 반겨 맞으려면 주인네가 어슬렁거려야 하지 싶었다.

헐렁한 한복 바지를 차려 입고 토방에 나앉아 비 구경이 오졌다. 아침 바람에 수염을 흩날리며 토방에 앉았노라면 세상에 부러울 것 하나 없이 왜 그렇게 좋은지 모르겠다. 마당에는 나무와 꽃이 환하고 멀리 뻐꾸기 울어 높은 산은 푸르며 퐁드랑퐁드랑 낙숫물 소리도 애틋하다. 부엌 밥솥에서는 밥 익는 냄새와 함께 푸승푸승 김이 오르고 있으니 무엇을 더 바랄 것인가.

장맛비 덕분에 토방에서 몇 날 며칠 빈둥거리기를 하다 보니 전에 보이지 않던 것이 눈에 들어오기 시작한다. 소용이 닿지 않으면 안중에 없던 것들 중에 비에 흠뻑 젖으면서 이 장마통의 나를 거두어 주는 우산이 새삼스럽다. 빗속에서도 가쁜 어깻숨을 몰아쉬며 새끼들을 먹이고 있는 어미 제비를 본다. 처마밑 제비 식구가 살아가는 모습은 눈물겹다. 제비 부부의 반만 따라가도 제 식솔들 밥은 굶기지 않을 것이라 생각된다.

오늘 아침에는 장독대 너머에서 고고한 자태로 서 있는 해바라기를 보았다. 빈센트 반 고흐의 열두 송이 해바라기보다 우리 집의 아름다운 해바라기는 비에 젖어도 여전히 하늘을 우러르고 있었다.

해가 보이지 않는다고 해서 해가 없는 것은 아니지 않은가. 저 두터운 먹구름이 걷히는 날을 비나리하는 해바라기가 있기에 맑은 날은 기어이 오고야 말리라는 믿음이 뻗어 온다.

고난도 슬픔도 더 큰 영광과 더한 기쁨으로 가는 전주곡이라고 비 오는 날에 해바라기가 가르치고 있다. 먹장구름 너머의 눈부신 태양을 신뢰하며 희망을 놓지 않고 인고하는 해바라기 앞에서 삶을 여미지 않을 수 없다.

◈ 황혼 ◈

내가 할아버지가 되기 위해 계절은 얼마나 많이 반복되었던가. 내가 여기까지 올 동안 괘종은 몇만 번도 더 울었다. 세월은 이마에 주름살을 늘리고 얼굴이며 손이고 마구 검버섯을 피웠다. '할아버지' 명칭은 늦은 밤에 떠나는 막차에 붙여진 이름처럼, 어느 산모퉁이 외진 곳에 혼자 피어 있는 들꽃의 이름인 듯, 사진틀 속에 남아서 적적하게 잊히는 대명사가 되었다. 사열 한 번 받아 보지 못한 퇴역 장성처럼 경륜도 명예도 뒤로하고 서럽게 사라져 가고 있다.

차라리 이 이름을 반납하고 강원도 외딴 절에 가서 공양주가 되고 싶다. 그래도 거기에는 솔바람이 하얀 내 머리를 만지며 지나가고 산새들은 누구에게도 차별하지 않는 지저귐으로 노래하며 심심하지 않게 주변을 맴돌아 주지 않겠는가. 벌써 세월을 탕진하고 바둑 대전의 초읽기에 몰린 것같이 나의 종말을 두려워하고 있다는 것이 슬프다.

촉박한 시간을 외면하고 죽림칠현처럼 느긋하게 행동하는 내 속내를 남이 알까 봐 두렵다. 가장 강했던 아버지라는 이름의 자리를 물려주고 할아버지 자리로 올라서면서 나는 갑자기 외롭고 낯선 존재가 되고 말았다. 집안에서 할아버지로 깍듯한 대우를 받는데가 부상하는 위치는 아니었다. 어른이란 모자 하나 얻어 쓰고 뒤로 물러나 앉는 자리였다.

젊었을 때는 나이를 잊고 살았다. 그때는 나이를 물으면 내 나이보다 불려서 말하곤 했다. 꽃다운 나이보다 더 원숙하고 노련해 보이고 싶었다. 푸르른 시절의 그 나이는 어떤 것에도 겁나지 않는 방패가 되었고 창도 되었다. 취직을 해도 되고 사랑도 하고 더 공부하고 싶은 학교에 입학을 해도 되었다. 유학을 가도 되고 군에 지원도 할 수 있고 비행사나 운동가 또는 문학가, 어디에 도전해도 누가 뭐라 하지 않았다.

그때 그 젊은 나이는 희망이요 용기였고 재산이었다. 돈보다 더

귀중한 젊음이 훌쩍 지나가자 황혼은 귀신처럼 달려와 내 나이를 재촉하고 있다. 아버지라는 권위적인 이름에 우쭐할 때도 있었지만 곳곳에서 나이가 그물에 걸렸다. 어떤 일이든 처음 시작하기가 두려웠다. 주어진 일을 하면서 궤도에서 이탈당하지 않으려고 발버둥치다가 어느새 세월의 밥이 되고 말았다.

드디어 할아버지가 되었다. 그것은 피동적으로 내가 그 이름 속에 갇히게 된 것이다. 비로소 인생이 무엇인가를 골똘히 생각하게 되었다. 안경을 끼고 안경을 찾듯이 인생을 살면서 인생을 찾게 되었다.

할아버지 자리가 갑자기 고독해지고 황혼의 씁쓰레한 기운이 전신을 휩싸고 만다. 조금만 몸이 불편해도 섬뜩한 감각으로 검은 기운이 머릿속을 채운다. 좌절감이 나를 가로막으며 전진을 방해한다. 놓친 고기는 커 보이고 지나간 세월은 다 아름답게 채색되어 돌아다 보인다. 가장 힘들었던 군대 생활도 그리움 속에서 가물거린다.

그래도 노인들이 지난날 무엇인가를 이루어 놓았기에 그 토대 위에서 젊은이들이 즐기고 있다. 나도 무엇인가 일을 했구나 하고 자위도 해본다. 그러나 이것을 알아주는 사람보다 당연시하고 진부하게 여기는 사람이 더 많다.

할아버지라는 이름은 종점의 대명사가 아니고 한 생의 금자탑 위에 하나 더 쌓아 보탠 값진 역사가 아닌가. 많은 시간이 그 탑 위에 축적되고 등이 휘도록 살아낸 시간들은 영광의 색깔로 빛나고 있지 않은가. 하지만 그것을 흠모하고 가치 있게 여기려는 사람은 드물다.

이제는 모든 것을 잊고 남은 날을 헤아리지 말자. 이 세상의 모든 생물은 다 죽는다. 모든 것은 허무하게 떠나고 흔적도 없이 사라진다. 할아버지가 된 나에게도 결국 죽음이 예고되어 있다. 그러나 사라질 뿐, 아름다운 추억만은 오래 남을 것이라고 내 안에 욱여넣어 본다. 잊히는 것이 서러운 것이다.

황혼은 쓸쓸하다.

◈ 봄꽃 ◈

꽃은 관심을 가지면 가질수록 가까이 보면 볼수록 빠져들게 된다. 개울물이 냇가의 돌들 사이를 잠시 맴돌곤 제 갈 길로 흘러간다. 아련히 고운 산수유꽃은 물과 돌을 그윽하게 물들인다. 세 개의 파란 꽃받침에 노란 네 꽃잎이 정자 모양으로 소복하게 쌓여 있는 꽃술을 감싸고 있다. 꽃잎의 호위를 받으며 봄을 부르는 산수유 꽃술은 손을 대면 환호하며 터질 것 같다.

목련꽃은 한동네에서 같이 자라던 여자 친구가 자기 집 담벼락을 넘겨다보는 소년에게 먹으라고 껍질 벗겨 말없이 건네주는 깨끗한 바나나 같다. 우아한 한복을 입고 다소곳이 엎드려 절을 하는 조선 여인 같은 목련꽃은 남성의 마음을 끌기에 충분하다.

제비꽃은 나를 찾아와 대문 벨을 눌러놓고 부끄러워 담에 몸을 숨기고 얼굴만 내미는 소녀의 얼굴처럼 어여쁘다. 성실하고 예쁜 아가씨가 찾아와 나를 생각해 주세요, 하는 것 같다. 그렇게 하지 않으면 곧 날아갈 것만 같아 조심스럽기도 하다.

진달래꽃은 분홍색 꽃잎 속에 있는 애기 실뱀들이 봄이 오는 소리를 듣고 소리 나는 쪽으로 일제히 일어서서 반짝이는 검은 머리를 세우고 쳐다보는 것 같다. 청염한 신념으로 온 산을 진달래색으로 물들이며 봄을 부른다. 네 개의 꽃받침에 비단천 같은 네 개의 노란 꽃잎 개나리는 석가의 탄신을 기념하는 날에 줄줄이 달아놓은 등을 연상시킨다. 명쾌한 봄의 진실 같다.

양지꽃은 아주 작은 노란색 다섯 꽃잎 속에 수술과 귀여운 암술이 있다. 딸기 잎 같은 넝쿨줄기를 싱싱하게 뻗은 모습은 선생님의 손을 잡고 산야 언덕을 노랗게 붐비며 소풍 나온 유치원생들같이 앙증스럽다. 벌집에 불을 켜놓은 것 같은 칠일벚꽃은 교황이 내한할 때 여의도 광장을 가득 메운 가톨릭 신자들의 간절히 간구하는 광경을 닮아있다.

매화꽃을 한참 쳐다보면 아름다운 여인에 비유한 이유를 알겠다. 고아한 기품이 풍기는 긴 눈썹 아래 살짝 띠는 눈웃음에 퐁당 빠질 것 같다. 어디서 본 듯한 눈매다. 매화꽃에서 어머니의 미소 짓는 눈이 보인다. 처녀 시절 일본인 병원에서 하얀 간호사로 일하면서 살포시 웃던 눈이 보인다.

어머니가 입원해 계시는 노인 전문 병원은 봄의 정원으로 많은 꽃들이 어울려 웃고 있다. 간호사가 노인 환자들에게 주사를 놓아 주며 웃는 눈이 꽃들 속에 있다. 간병인들이 환자의 기저귀를 갈아 주면서 웃는 눈도 있다. 병들어 힘없이 누워 있는 노인의 손을 잡고 기도해 주는 천사같이 미소 띤 얼굴이 보인다.

봄의 정원에는 권위도 명예도 없다. 오직 생에 대하여 힘을 모아 꽃으로 나붓이 피어 있다. 여기에는 장관이니 국회의원도 없다. 고급 승용차로 골프장을 드나든다고 어깨를 높이는 사람도 없다. 소나무 이야기를 잘하면서 풀뿌리에게 그늘이 되지 못하고 권위를 내세우는 교수 같은 사람도 없다.

노인 전문 병원 정원의 꽃들은 사명감을 갖고 피어난 듯하다. 황량한 벌판에 파릇파릇 생명의 자취를 찾아 꽃으로 피어 향기 은은하게 살랑인다. 여기에 있는 나무들은 풀들의 그늘이 되려 하고 꽃들은 살갑게 피어서 봄 햇살 닮은 향기를 사뿐히 내보낸다. 봄바람이 먼데서 봄 길로 찾아와 꽃과 나무를 만지고 노인 환자들 누운

병실의 커튼을 가만히 흔든다.

온 힘을 다해 언 땅을 밀고 올라온 봄꽃들은 이승과 저승의 경계를 헤매느라 몹시 지친 노인 환자들에게 내년 봄의 내생을 약속한다. 찬바람의 겨울을 인내하고 피어난 꽃들이 얼굴을 내밀고 노인 환자 한 분 한 분에게 이 세상에 와 줘서 고맙다고 인사한다. 한 분 한 분의 인생은 고귀했다고, 세상에 유익하고 분명한 삶이었다고 꽃바람을 보내어 위로를 한다. 봄꽃들이.

제 4 부

어머님 어머니 어무이…

여항천 이야기

어머님 아픔 앞에서

고목나무 아래서

유자가 있는 풍경

전통 조선장의 맛

어머님 어머니 어무이…

투명의 의미

나무가 되고 싶다

역사는 흐른다

글이 곧 사람이고 인품이다

여백

◈ 여항천 이야기 ◈

이른 아침의 안개가 피어오른다. 동트기 전부터 아슴푸레한 시골 들판에 분주하게 하루를 시작하는 농부들의 모습을 볼 수 있다. 가로등이 졸고 있는 내 고향 대천 길에 서면 마음이 가뿐해지고 정감이 일어난다. 고향에선 외롭지 않다는 것을 자각하는 것이리라. 새벽녘 맑은 이슬방울 따라 하늘거리는 풀잎들이며 시골 전원주택의 텃밭에 정성스레 심어 놓은 상추 아욱 쑥갓 등 채소들의 풋풋함이 싱그럽다.

오랜만에 아이들에게 여항천 둑길로 자전거를 타러 가자고 했다. 환호로 답하는 아이들 모습에서 내 어린 시절이 떠올랐다. 내가 중학교 시절만 해도 여항천 물을 식수로 사용했을 정도로 대천의 자연이 맑고 푸르렀던 것이다.

당시는 먼지가 풀풀 날리는 삼십 분 거리의 비포장길을 친구들과 재잘거리며 학교를 다녔다. 찔레 순을 꺾어 먹고 울타리로 어우러진 앵두나무에 빨갛게 익은 앵두를 따먹으며 드넓게 펼쳐진 들길을 따라 여항천 벌을 누비던 추억들이 송이송이 꽃송이로 눈앞에 떨어지는 것 같다.

고동이며 물고기를 잡았던 어린 시절, 여항천은 우리에게 자연놀이터였다. 강이나 늪에서 자라는 말풀을 걷어다 물에 씻어 햇빛에 말려서 반찬을 해 먹었던 맛이 내 혀끝에 감도는 듯하다. 여름이면 친구들과 물장구치고 멱을 감으며 온종일 신나기만 했다. 여항천엔 많은 사람들이 여름철 물놀이로 하루를 즐겼었고 물이 맑고 깨끗하여 물총새 물오리 백로들이 먹이를 찾아 무리 지어 날아왔다.

빠르게 변화하는 산업화의 생활폐수로 인해 붕어 피라미 고동잉어들이 살 수 없을 정도로 오염되어 버렸던 것이다. 따라서 사람들의 발길도 뜸해져 마음이 아팠었다. 더구나 여항천은 길게 남강과 이어지는 물결이다. 우리 아이들에게 이곳이 너희들 엄마가 어린 시절 물고기 잡고 멱을 감고 놀았던 곳이라고 이야기를 해 주면 믿어 줄까? 생각하니 안타까웠다.

여항천과 멀지 않은 곳에 전원주택을 지어 이사 온 지 몇 년의 세월이 지나고 놀라운 변화가 일어났다. 함안군에서 정비 사업을 한 것이다. 시내의 오염된 바닥을 긁어내고 물풀도 심었다. 꾸준히 노력한 결과 하천이 탈바꿈하기 시작했다. 사람들의 발길이 다시 찾게 된 것이다. 친환경적인 자연으로 되돌아온 여항천 물속에는 온갖 생명들의 숨소리가 아침 안개 속으로 금빛 은빛의 메아리로 들려온다.

쾨쾨한 냄새가 나고 더러웠던 냇물, 그 누구도 거들떠보지 않던 이곳에 낚시꾼들이 몰려왔다. 노부부가 하천 주변 빈터에 텃밭을 일구어 가족들이 먹을 채소 씨앗을 파종하는 모습도 보였다. 죽어가는 하천이었으나 일급수에서 살 수 있는 피라미, 송사리들이 떼를 지어 유유히 헤엄치며 노니는 모습이 바로 하천이 다시 살아서 숨쉬고 있음을 증명하는 것이리라. 여항천을 찾아온 사람들이 너나없이 정겹고 즐거운 눈길을 보낸다.

장마 때 어디서 흘러들었는지 콘크리트 틈새에 뿌리를 내린 풀들이며 제비꽃 개별꽃 조팝나무 등이 손짓하는 여항천이다. 철없는 어린아이들의 불장난에 의해 검게 타버린 뽕나무 가지에도 새순이 돋는 것을 보고 하느님이 주신 생명의 신비를 반추한다. 너른 벌판에 옛이야기와 생명의 물이 흐르는 여항천 둑길을 앞서거니 뒤서거니 자전거를 타는 우리 아이들에게서 평화와 행복이 같이함을 느낀다.

해오라기 한 쌍이 힘찬 날갯짓을 하며 물가에서 서서히 원을 그린다. 여항천이 사람들과 함께 살아 숨쉬고 있다는 현실에 마음 밑바닥으로부터 솟아나는 뿌듯함을 감출 수가 없다.

내게 있어 여항천은 내 어머니의 품속 같은 곳이다.

◈ 어머니 아픔 앞에서 ◈

어머니의 신음 앞에서 나는 아무것도 할 수 없었다. 배가 뒤틀리는 것처럼 아프다고 괴로워하시는 어머니 자리를 다습게 봐 드리고 몸을 만져보면서 낯빛을 살폈다. 그 곱던 얼굴이 주름지고 말라 있었다. 지금껏 고통을 견디어 온 것은 정신력이었다.

일어나 보려고 몸부림쳐도 일어서지 못하셨다. 변을 보고 싶다기에 어머니를 일으켜서 변을 보게 해 드렸다. 변이 비친 타월을 빨면서 눈시울이 뜨거워졌다. 어머니가 우리 자식에게 주신 헌신과 은혜에 비한다면 이것은 티끌만 한 일도 아닌 것이다.

못다 해 드린 것이 너무 많은데 어머니는 고통에 갇혀 기진맥진하셨다. 어머니의 초췌해진 얼굴에 눈물이 고인다. 타월로 훔쳐 드리는 눈물은, 자식들이 타지로 떠난 고향집에 홀로 남아 자식이 보고 싶고 사람이 그리워서 긴긴날 외로움과 싸우며 흘린 슬픔 같다. 이 손으로 어머니의 병환과 눈물을 거두어 드리고 싶은 마음 간절하다.

연세 든 분의 병환은 한 치 앞을 예측할 수 없었다. 어머니는 갑자기 가래와 침도 못 삼키고 사람을 못 알아보셨다. 어머니에겐 세상에 없는 외아들인 나도 몰라보셨다. 물도 못 삼키시니 가래가 목에 걸려 더욱 힘든 모습이 역력했다. 이대로 어머니를 놓칠까 봐 혼비백산이 되었다. "어머니!! 어머니!!" 가슴으로 울부짖었다.

병원에선 어머니가 얼마 못 가실 거라고 했다. 병문안 오신 친척, 이웃분들도 어머니 모습을 보곤 곧 돌아가실 것 같다는 표현을 차마 입에는 담지 못하고 표정으로 내보였다. 나는 절망했다. 어머니를 살리고 싶었다. 어머니에게 매달렸다. 이 세상, 내 곁에 살아 계시게 하고 싶었다. 백방으로 수소문하여 어머니에게 좋다는 약을 구해 달였다.

그 결과 어머니는 말은 못하시고 눈으로만 의사 표현을 했다. 우리 곁을 떠나지 못하시도록 붙든 것이었다. 눈동자로 용변 신호를 보내셨다. 어머니와 눈을 맞추고 식사를 하겠다거나 그만하겠다 같은 몇 가지의 의사소통을 할 수 있는 것도 나는 반가웠다. 눈빛으로 말하며 오래오래 살아 계셔 주기를 기도했다.

부모가 아픈 것은 나이 든 자식의 사람 됨됨이를 만들기 위한 신의 섭리라고 생각한다. 어머니가 늙고 병드셨는데 대소변을 받아 내는 일은 당연하다. 초죽음이 되어 꼼짝 못하시는 어머니 용변을 받으면서 무언가 어머니께 해드리고 있다고 생각되어 그나마 다행이고 행복한 마음까지 들었다. 하느님은 어머니를 통하여 내게 슬픔과 행복감을 함께 주셨다. 내가 이 행복을 느낄 수 있도록 지천명의 나이까지 살게 해 준 하느님에게 감사하며 부처님 도량의 자비에 감사했다.

인간은 어리석어서 재물을 쌓는 데 급급하여 자식으로서 부모에게 해야 할 도리를 잊어버리는 사람들이 있다. 사람은 늙고 병드는 것이 제일 서럽다. 부나 권력과 명예를 다 갖추었어도 노쇠한 부모의 병석 시중을 들지 않고 모르는 척하는 사람은 사람이라 할 수 없을 것이다.

부모가 자식을 사랑하는 것은 하늘이 내려 준 마음이고 우주의 기운이 모여든 것이다. 그러므로 부모는 자녀를 평생토록 사랑해도 지치지 않는다. 그런 어머니가 늙고 쇠약해져 명을 놓으려고 하시는데 그 무엇도 해 드릴 것이 없어 애만 타는 마음뿐이다.

나는 함안의 산인에서 태어나 유년기와 초등학생 시기를 어머니 곁에서 보냈다. 그 후 중학교부터 대학까지 타지에서 다니고 사회생활도 외지에서 하느라 어머니를 많이 보며 살지 못했다. 어린 날부터 자취생활을 하며 얼마나 어머니가 보고 싶었는지 모른다. 내게 어머니는 치맛자락 여미고 내가 나아가는 인생길을 비춰 주는 별 같은 분이다. 미소와 눈물을 동시에 머금고 내가 가는 길섶에서 손짓해 주는 내 마음의 빛나는 별이다.

어머니는 병이 중해지기 얼마 전, 옛날 동네에서 살던 이웃집 아낙네들의 안부를 물으셨다. 그 시절엔 가난해도 이웃들과 지낼 때가 좋았다며 그곳의 맑은 냇물을 그리워하셨다. 어머니가 어렸을 적 살았던 동네 사람들의 안부도 물으며 해맑게 웃으셨다. 한마을에서 정을 두텁게 지내던 사람들의 이야기를 아들과 나누며 추억에 잠기셨다. 그때만 해도 어머니의 병환이 그 상태로 유지되어 계실 줄 알았다. 그만큼의 상태로 돌아오시기만 하여도 여한이 없겠다.

이제 어머니는 육 년간의 눈동자 소통도 멈추고 눈만 감았다 떴다 하시며 이 세상에 가냘픈 신호를 보내고 계신 지 이 년째다. 보름 전에는 음압 병원에 들어갔다 퇴원하셨다. 그 고통스럽다는 산고를 겪으며 우리를 낳고 시골의 곤궁한 살림에도 온 힘을 다해 우리 사 남매를 대학까지 보내 주시며 최선을 다해 키워 주신 우리 어머니가 병환으로 고생하고 계신다. 마을 앞을 흘러가는 개울물도 내 마음을 안다는 듯 아픔처럼 출렁거린다.

어머니, 내 어머니!

◈ 고목나무 아래서 ◈

고목나무는 듬직하게 나이가 든 사람처럼 믿음이 간다. 나도 어느새 나이가 쉰이 되었다. 나이가 든다는 것이 예사로 생각되지 않는다. 인생이란 나무 한 그루와 같은 것이다.

옛날엔 그냥 오래된 나무로만 보이던 것이 이제 신비롭고 특별해 보인다. 시골길을 가다 보면 길 가운데에 큰 고목나무가 서 있고 양쪽으로 길이 갈라져 있는 것을 흔히 볼 수 있다. 몇 백 년 수령의 은행나무를 보면 감히 손을 댈 수 없이 신령스러워 보인다. 오래된 나무는 살아온 것만큼 영기가 서려 있어 권위가 느껴진다.

수백 년 된 느티나무를 자세히 보면 주름지고 나이만큼이나 많은 이끼가 끼어 있다. 뿌리는 땅속 깊숙이 제 길을 찾고 줄기는 치솟아 온 하늘에 가지를 뻗고 있다. 나무의 뿌리엔 곤충들이 촌락을 이루고 나뭇가지에는 새들이 둥지를 틀고 있다. 나무 그늘에 자리를 펴고 누워서 하늘을 보면 나뭇잎 사이로 아른아른 하늘이 보인다. 바람이 불면 나뭇잎들이 한 장씩 가슴에 섬유질같이 묻어둔 말을 속삭이는 듯하다. 뿌리는 과거와 현재 그리고 미래의 청량한 물을 빨아들여 몸을 키우고 세월을 새겨서 역사를 말해 준다.

우리말에 "산천초목이 운다."라는 말이 있다. 나무가 모든 환경을 느끼고 안다는 의미이다. 가뭄이나 추위 등을 온몸으로 받아들여 제 몸에 흔적을 남긴다고 한다. 고목은 나이테만큼이나 많은 역사를 갖고 있다. 경기도 용문사의 천백 년 이상 된 은행나무는 수령과 크기가 국내에서 제일 으뜸으로 신라의 흥망성쇠를 다 지켜보았다. 그리고 여러 시대를 지나오며 그 많은 전란을 겪고도 불에 타지 않고 살아남아 지금도 장엄한 위용을 보이고 있다. 오래된 나무들은 나라를 수탈당했던 일제 강점기와 동족상쟁의 한국 전쟁도 지켜보며 숱한 날들을 건너왔다. 말없이 서 있는 나무들엔 아픈 역사의 상처들 흔적이 남았으리라. 시대를 지나오며 모든 것을 보고 듣고 새긴 고목나무를 보노라면 수많은 사연과 이야기를 품고 우리와 함께 나아가는 삶의 동반자 같다.

아름드리 고목의 그늘 밑에 누우면 느루 된 나무의 맥이 전해져 와서 심신이 편안해진다. 아무리 늙고 병들어도 살아 계시는 것만으로도 자식에게 행복한 기운을 주는 한없는 부모의 사랑 같은 것이 있다. 고목나무는 자신의 건강보다 자식부터 챙기고 보살피는 무조건적인 부모의 마음 같은 꿋꿋함이 보인다. 아프거나 힘든 일이 있을 때 언제든지 찾아가서 등을 대고 기댈 수 있어 든든하다. 비록 제 수명이 다해 죽어가고 있더라도 묵묵히 서서 짙은 그늘을 만들어 내어 준다.

고목나무 아래에 풀들이 무성한 것은 나무의 그늘 덕이다. 그 그늘에서 푸른 향기를 맡으며 휴식하고 사는 풀들의 세상은 행복하다. 행운을 갖다 줄 것 같은 행운의 네잎클로버를 찾으며 여유를 즐기는 것도 시원한 나무가 만들어 준 그늘 밑에서이다. 토끼풀을 보고 동심으로 돌아가 아내에게 토끼풀 꽃반지를 만들어 끼워 주면 천진난만한 아이처럼 좋아한다. 아내와 나는 싱그러운 풀밭에서 만만치 않은 삶이 주는 시름을 잠시 잊고 아가같이 활짝 웃는 한때를 갖는다.

고목나무를 사랑하기까지는 지천명의 나이까지 걸렸다. 이제 나도 위안이 필요한 사람에게 그늘이 될 나이에 이르렀다. 올곧은 의식의 뿌리를 지하 깊숙이 묻고 넓은 가슴 같은 무성한 잎을 가진 나무가 되어야 한다고 다짐해 본다. 부모의 기대를 저버리지 않도록 하나의 우주가 되어 품을 내주기 위해 최선을 다하여 살아가야 한다.

고목을 거처로 하여 살아가는 모든 생명은 서로의 기운을 나누며 상생한다. 느티나무 그늘은 푸근하고 사랑 깊은 어머니이고 우주의 생명에 기댈 수 있는 버팀목이다.

◈ 유자가 있는 풍경 ◈

과일전 앞에서 걸음을 멈추고 진열대를 둘러본다. 눈길이 문득 진열대 밑에 놓인 상자 안에 머문다. "어, 유자네!" 더미로 엉킨 노란빛이 등을 켠 것처럼 환하다. 냉큼 하나 집어 들어 코끝에 대본다. 낯설지 않은 향기가 유년의 추억 속으로 이끈다. 고샅길을 따라 빽빽하게 우거진 탱자나무 울타리에 검푸른 빛이 도는 두꺼운 잎사귀와 굵은 가시 사이에 숨어 보석처럼 빛나던 노랑 열매들. 손안에서 조몰락거리다 한 입 베어 문 탱자의 시고 떫던 맛이, 몸서리를 치면서도 다시 깨물게 하던 그 향기 한 자락이 유자에 묻어 있었다.

"차 담그시게요?" 가게 주인이 묻는다. 진열대 한편에 갓 담근 유자차 단지 몇 개가 놓여 있다. 쓰임새가 적어 온상 재배를 하지 않는 것일까? 유자 철은 유난히 짧다. 그렇다고 향기를 서둘러 단지 안에 가두고 싶은 생각은 없다. 이파리가 달린 것으로 예닐곱 개를 고른다. 가을이 봉지 안에 성큼 들어앉는다. 갖다 드리면 행복해하며 좋아하실 어머니 얼굴이 떠올라 말갛게 속살을 드러내고 있는 홍시 열 개와 함께 담아 왔다.

유자를 소반에 담아 장식장 위에 올려놓았다. 노란빛 한 무더기로 방안은 갑자기 화사하고 향기로워진다. 바깥은 늦가을의 쌀쌀한 바람이 불어서 노란색이 더욱 따뜻하게 느껴진다. 그러고 보니 레몬과 흡사한 빛깔이다. 유자의 빛은 좀더 온화하다. 애정을 상징한다는 노란색, 그래서 질투와 시기의 의미를 갖기도 하는 노랑이 유자에 머물러서는 도발의 성질을 접고 순후함을 담는다.

알찬 부피의 느낌과 얄밉도록 세련된 모양이 레몬의 생김새라면 유자는 다소 성글고 투박한 모습이다. 저미는 칼끝에서 팽팽한 탄력이 살아나는 레몬과는 달리 속살 또한 여리고 부드럽다. 야물지 못한 그 모습에선 속 깊은 정이 잔잔히 배어난다.

오감을 깨울 듯 상큼한 향을 지닌 레몬에 비해 유자의 향기는 유순하고 은은하다. 새침하게 자극하고 도도히 깔끽한 가향이 아니라

은근하게 시작하여 여운을 남기며 품에 스미는 향기다. 그래서일까. 유자 향엔 그윽한 품격이 번져난다. 탈속의 무심도 매란국죽의 고아한 기개도 아닌 겸양과 덕을 갖춘 소탈한 선비의 기품을 닮았다.

그 때문일까. 유자는 '자줏빛 커트글라스나 하얀 식탁보가 씌워진 깔끔한 테이블 위' 보다, 한지 바른 창살문으로 아늑하게 햇살 드는 정갈한 방이 더 어울릴 것 같다. 장판에 기름 먹여 노랗게 윤기나는 방의 창호 밑에 놓인 문갑 위라면 더욱 좋겠다. 깊은 가을날 소반에 담긴 유자는 조촐한 방을 향기와 함께 풍성하게 해 줄 것이다.

문태준의 시 〈유자〉가 떠오른다.

> "노오란 유자가 달려 있네/ 내일의 예고가 이러했으면…… 이 한 알의 영혼,/ 영혼의 캐스터네츠……."

차디찬 이성으로 나를 꽉 채우고 싶던 날들이 있었다. 부여잡고 아등바등 대들어 이루어야 하는 것이 삶인 줄 알고 조바심치며 살아온 날들이었다. 이제는 유자를 닮은, 조금 헐겁고 느슨해지고 싶다. 어차피 인생은 채워지지 않는 물독 같은 것. 완벽을 향해 달리던 무모한 정열을 적당히 여미고 느긋이 앉아 모자람이 주는 여유의 의미를 헤아린다.

◈ 전통 조선장의 맛 ◈

조선장은 잘 살고 못 사는 사람과 관계없이 한국인 입맛에 잘 맞는 맛이다. 언제나 변함없이 대해 주는 사람들은 조선장 같다. 야위고 보잘것없는 나를, 제일 좋아하는 친구라며 늘 곁에 있어 주는 조선장맛 같은 친구가 있다. 내게 있어 조선장의 맛이 나는 사람은 보배와 같다.

권력이나 명예 따윈 뒤로하고 순수하게 인간을 사랑하는 사람은 짭조름하고 담백한 조선장맛과 닮아 있다. 조선장은 지하수에 오로지 천일염과 메주만 넣고 정성을 담아 우려내는 전통 간장이다. 천일염과 메주가 스스로를 낮추고 서로 섞여들어 제 몸을 삭혀서 만들어지는 맛이다. 삶의 밑바닥까지 떨어져 삭을 대로 삭아 본 사람은 조선장 맛을 더 잘 이해할 것이다.

늘 가까이에서 꾸준히 욕심부리지 않는 마음을 보내는 사람은 조선장 같은 사람이다. 조선장은 어두운 곳에서 홀로 가라앉아 오래 참은 적이 있어 슬픈 사람과 함께 아파할 줄 알 것 같다. 어머니는 손수 재배한 상추에 조선장과 묵은 된장으로 강된장을 만들어서 쌈을 싸먹는 것을 좋아하셨다. 조선장을 담아 아들에게 주기도 하고 항상 밥상에 올려 먹었다.

큰일을 당하고 난 후에야 사람의 심성에 대한 공부를 할 수 있었다. 사람을 알아가는 일은 어머니가 가르쳐 준, 지하수를 길어다 잘 말린 천일염을 녹여 깨끗이 씻은 메주를 넣고 담아 천천히 삭은 뒤에 우러난 맛을 내는 전통 조선간장과 같았다. 아들인 나는 조선장을 먹으면서도 사람이 친절을 가장하고 재빠르게 접근해 오는 속셈을 알아차리지 못했다.

눈에 확, 띄는 포장과 조리도 간단하고 휴대에도 편리한 인스턴트식품은 일순에 입맛을 사로잡는 감칠맛도 갖고 있다. 인스턴트식품을 보면 부귀와 명예, 권력을 쫓아다니는 사람들이 연상된다. 미국 어느 회사의 수석 다이아몬드 자리까지 오른 한 친구는 제 친구를 돈벌이 목적의 도구로 보았다. 화려하게 포장하여 산뜻한 맛으로 다가온 인스턴트식품 같았다.

물질의 만용에 갇힌 사람은 정신이 병든 허한 사람이다. 인스턴트식품의 공해 독은 우리의 건강을 해친다. 열심히 일하여 돈을 벌고 성공을 하는 것은 칭찬해 줄 일이다. 그러나 사람은 내면을 가꾸지 않고 재물의 노예가 되어 물질화되어 버리는 것을 스스로 경계해야 한다. 인간은 모체에 동력을 전달하는 기계 부품이 아니고 영원히 소멸되지 않는 영혼을 갖고 있기 때문이다.

사람은 인륜의 도덕을 저버리고 사랑하는 마음이 없으면 영혼은 어둠에 갇힌다. 일평생 살아가는 동안에 따뜻한 마음을 가지고 맑은 영혼의 소리에 귀를 기울일 줄 알아야 한다. 온유한 가슴이 없으면 고급 승용차를 타고 다닌다 하더라도 짐승이 우리 안에서 옮겨 다니는 것과 다름이 없다.

전통 조선장은 내가 단식을 하는 데 없으면 안 될 보물이다. 단식할 때는 조선장이 약이 된다. 조선장을 손가락으로 찍어 혀에 바르면 허기진 빈속을 달래준다. 정의로운 일에 나서서 단식투쟁하는 사람의 생명을 연명하도록 조선장이 도와준다. 고단할 때 말없이 다가와서 등을 쓸어 주는 친구 같다.

물질만능의 수렁에 빠져 인간의 가치관을 혼란시키는 시대이다. 사람들은 혼탁한 세상을 벗어나 자기 자신을 찾기 위해 산을 찾기도 한다. 불순물처럼 묻어 있는 흐릿한 기를 털어내고 맑은 물을 마시며 맑은 기운으로 채워 내면을 씻어낸다. 점점 어수선하고 복잡해져 가는 세상을 정화시키려면 한 사람이라도 더 올곧은 마음을 가진 사람이 있어야 한다. 오염되지 않은 맑은 물에 자연에서 만든 천일염과 재래식 메주로 삭힌 순수한 조선장 같은 사람.

조선장은 불투명하고 어정쩡한 맛은 용납하지 않는다. 항상 경우 바른 맛을 담담히 낸다. 전통 조선장은 우리가 매일을 연명하기 위해 삼시 세끼 먹어야 하는 음식 맛에 필요한 으뜸의 기본양념이다. 음식 조리에 없어서는 안 되는 맛의 지킴이로써 우리 일상의 밥상을 지켜 주는 보석이다.

◈ 어머님, 어머니, 어무이… ◈

어머니!

생명을 담아낼 수 있다면 그것은 어머니의 품속이 유일하다. 생명이 태어난 곳이자 자라는 곳.

어무니.

간절한 그리움의 한가운데서 뒤돌아볼 때마다 항상 바라봐 주시던 어머니에 대한 기억을 가지고 산다면 행복한 사람이다. 어머니의 사랑을 받으며 자란 사람은 모두 행복의 조건을 갖고 있는 존재이다. 나는 어린 시절부터 타지에서 가난한 학창 생활을 하며 어머니의 빈자리가 못내 아쉬워, 반백이 되어 버린 지금까지도 그 허전함에 한숨을 내쉴 때가 많은 부족한 아들로 살아간다.

한국 전쟁 후의 어려웠던 1950년대 말에 태어난 우리 세대들 거의는 어머니와의 즐겁고 행복한 기억을 공유할 여유가 없던 사람들이다. 어머니와 나눈 기억이라야 춥고 배고파하는 자식에게 부족한 끼니나마 챙겨 주고픈 모정을 매개로 형성된 것이 대부분일 것이다.

내가 중학교 3학년에 갓 진급하고 맞이한 삼월의 추운 토요일이었다. 시골 날씨는 예전부터 봄이 없고 겨울에서 바로 여름으로 이어지는 극단적인 기후였다. 그날도 꽃샘추위가 동지섣달 그믐밤의 매서운 추위만큼 느껴지던 날이었다.

일찍 귀가한 토요일 오후였다. 허술한 블록 벽의 햇볕 한 점 들지 않는 북향 대문 옆 창고에 얼기설기 만든 방은, 난방은커녕 외풍만이라도 막아 주었으면 좋으련만 어찌 그리 황소바람이 몰아치든지. 초라하고 가난한 형제의 자취방은 하교 후 귀가를 맞이할 어떤 온기도 남아 있지 않았다.

냉랭한 방바닥에 앉지도 못하고 망연히 선 채 주머니에 찔러 넣은 두 손에 느껴지는 미세한 온기에 기대어 토요일 오후를 보내고 있을 즈음 누군가의 손길이 느껴졌다. 고개를 돌려 뒤를 보니 시골에 계셔야 할 어머니께서 그렁그렁한 눈으로 삐쩍 마른 자식의 움츠러진 어깨를 쓰다듬고 계셨다.

갈아입지 않은 낡은 교복 바지 주머니 안에 있던 아들의 손을 만지시던 어머니의 손은 어찌 그리도 따뜻하던지. 똑같이 냉기에 얼어 버린 손이었을 텐데 어머니의 손은 따뜻한 나라에서 방금 오신 듯 그렇게 따스할 수가 없었다.

잠시 뒤에 돌아온 동생을 본 후 어머니는 친척집 부엌의 연탄불을 빌려서 따끈하게 김이 나는 점심상을 차려 주셨다. 그 밥상의 찬들이 무엇이었는지, 무슨 국이 있었는지 기억조차 없지만 중3이 된 후 오랜만에 어머니가 차려 주신 밥상은 너무나 감사하고 맛있었다.

밥그릇에 소복이 담긴 밥을 떠서 허겁지겁 허기와 빈속을 채우던 나는 어머니가 보이지 않아 문을 열고 나가 보니 대문 옆 수돗가에서 어깨를 들썩이며 흐느끼고 계셨다. 점심 같이 드시자는 말조차 나오지 않아 당신의 뒷모습을 하염없이 바라만 보고 서 있었다. 어머니는 수도꼭지보다 더 많은 눈물을 흘렸을 것이고 그 눈물은 어머니의 가슴에 첩첩이 쌓였을 것이다. 그러고도 가난에 한이 맺힌 어머니의 눈물은 쏟아지고 쏟아져서 예순을 넘긴 이 나이의 내 가슴에까지 이어져 흐르고 있다.

감사합니다. 어머님.

그때는 그렇게 힘들고 서럽던 더부살이였지만 그것마저 참고 견디도록 지켜 주신 어머님이다. 빈농의 자식으로 살면서도 배움을 통해 더 큰 꿈을 가질 수 있게 일깨워 주신 내 어머니시다. 갑자기 쓰러지셨을 때 누구도 지키지 못할 것이라던 생명에 대한 희망을 놓지 않고 끝내 어머니를 살려 낸 내 힘의 원천이신 우리 어무이……. 과일 가게 앞을 지나다가 홍시를 좋아하는 어머니 생각이 나서 사 가면 몹시도 반겨 주시는 어머니가 계셔서 진정 감사하다.

대한민국의 우리의 어머니들은 자식을 가르치기 위해 허리가 휘도록 학비를 감당하며 학교에 보냈다. 그 자식들은 어머니의 피나는 희생과 헌신 위에서 학교를 다녔다. 전 세계 어떤 어머니들보다 대한민국 어머니들은 고달픈 궁핍함 속에서도 교육을 통한 자식의 미래에 희망을 심어 주었다. 그 어머니들에게서 우리 기성세대가 가져야 할 정신의 자세를 배운다. 다음 세대들에게 꿈과 비전을 줄 수 있는 삶, 그것이 바로 저마다 어머니에게 배운 삶을 향한 굳건한 마음가짐이다. 그리고 부모의 사랑이다.

이 오랜 세월을 건너오며 오늘따라 그날에 어머니께서 차려 주신 그 점심상이 유난히 생각난다.

사랑하고 사랑합니다. 어무이!…….

◈ 투명의 의미 ◈

‘투명’이란 말이 한때 많이 돌아다녔다. 회명해야 한다 등 유행어처럼 쓰였다. 투명은 불투명의 반어이다. 가려졌거나 막혀 있고 숨겨져 있으면 속이 보이지 않는다. 그것을 환하게 보이도록 하자는 운동이었다.

누에는 넉잠을 자고 밥을 먹으면 뱃속이 맑아져 온다. 머리와 꼬리를 붙잡고 배를 들여다보면 속이 투명해져 있다. 그 투명한 물질이 입 밖으로 나와서 공기에 닿으면 깁실이 된다. 나도 어릴 때 누에를 만져 보았다. 굵은 벌레인데도 징그럽지 않았다. 허리와 배를 구부정하게 만들어 속을 들여다보는 작업이었다.

한 마리 한 마리 검사를 끝내고 섶에 얹어 주면 누에는 곧 고치를 만든다. 가운데가 잘록한 땅콩 모양의 집을 짓고 그 안에 번데기가 되어 들어앉는다. 그것을 보고 사람도 나이를 많이 먹으면 무덤이라는 고치 속에 들어가는 것을 상상했던 적이 있었다. 그러나 한쪽은 생명줄이 완전히 끊어지고 다른 쪽은 생명이 살아 있어서 나비로 변신을 한다. 비교할 수 없는 둘인데도, 육체는 죽어도 정신은 영원히 살아 있다는 생각 때문이었다.

며칠 동안 장맛비가 오더니 오늘 아침은 말갛게 개었다. 구름은 자취를 감추고 아침 해가 동쪽에 덩그렇게 솟으니 하늘이 청명하게 파래졌다. 허공이 밝아지고 집과 길과 자동차가 쾌청의 한가운데로 몰려나온 것 같았다. 투명!, 단어가 가슴에 밀려 들어왔다. 모든 것이 투명해 보였다. 그 기분에 나의 뱃속과 가슴과 다리 등 유리알같이 깨끗하게 순환되지 않는 곳이 없었다. 몸이 맑아지면 마음도 분명해진다. 그대로 계속 걸었다.

투명은 환함이다. 이쪽저쪽의 막힘없는 트임이다. 오직 한 빛깔로의 연결이다. 모호하거나 멈춘 흔적이 없다. 스쳐 지나가는 그림자도 없다. 설령 있다 하더라도 쨍함 앞에서는 맥을 못 춘다.

사람도 흐리지 않고 또렷한 사람이 좋다. 정직하고 진솔하다.

가린 데가 없으니 속이 다 보인다. 애매하게 무엇인가 감추고 있는 사람은 이중삼중의 벽을 내면에 쌓고 있다. 말을 해도 표면과 이면이 다르다. 겉으로 보이는 대로 믿고 따르다 보면 속아 넘어간다.

이중인격을 좋아하는 사람은 그 누구도 없다. 내가 이중인격자라고 시인하는 사람 또한 아무도 없다. 정직을 내세우는 사람일수록 부정직한 일을 더 많이 하는 예가 허다하다. 하지만 인간은 스스로 성찰하고자 노력하는 의지를 갖는 데에 게으르다.

투명은 전체이고 완벽함이다. 완전한 투명에는 시작도 끝도 없고 안과 밖이 없다. 절간에 앉아서 십 년, 이십 년씩 무심 공부를 하는 사람이 있다. 무심은 마음의 없음이다. 마음이 없어지면 그것이 투명이다. 투명은 속까지 환히 비침으로 통한다. 그들은 투명과 투명이 연결되어 무에 닿기 위하여 불투명한 속세를 떠나서 그 어려운 공부를 한다. 공에 이르는 것이 그들의 원이다.

내 마음속에 지나다니는 구름이 있다. 비구름이 있고 먹구름이 있으며 높이 뜬 비늘구름도 있다. 떠나는 것도 있지만 제자리에 머물러 있는 구름도 있다. 그 구름이 말끔히 걷히는 순간도 있다. 그 짧은 동안에 나는 투명을 체험한다. 투명은 잠깐이고 구름이 덮이는 시간은 길다. 그 잠시 형철을 더 연장하고 싶다. 실은 기나길게 연장되기를 원한다. 그리하여 더 큰 투명에도 나를 연결하고 싶다.

투명 운동은 지금도 계속되고 있다. 회사가 투명해지면 노사분규가 없어지리라. 정치가 투명해지면 국민이 편안해질 것이다. 사람이 투명하면 믿으면서 살아갈 수 있어 사람 사는 세상이 평화로울 것이다.

◈ 나무가 되고 싶다 ◈

지금은 겨울이다. 대부분의 나무가 잠들어 있다. 분주하게 일하던 봄과 여름을 보내고 낙엽의 가을을 맞이하더니 어느덧 하늘을 쳐다보며 고즈넉이 서 있다. 키가 큰 미루나무 아래를 거닐어 본다. 싸움의 흔적 같은 어수선한 낙엽의 조각이 흩어져 있는데도 나무는 아랑곳없다는 듯 겨울 찬바람 속 알몸으로 담담히 휴면에 들어 있다.

발에 밟히는 낙엽 하나를 주워든다. 나비 날개 같은 연약한 잎이다. 높은 공중의 가지에 매달려서 여름의 비바람과 싸우다가 때가 되니 속절없이 떨어져 내린 낙엽이다. 누군가 거두어 주기는커녕 발에 밟히고 차바퀴에 눌리고 바람에 날리는데도 불평할 방법이 없다. 어쩌면 불만을 토로해 보아야 소용이 없다는 체념을 한 모양이다. 사람은 죽음에 대해서 저항을 하고 죽지 않으려고 몸부림치기도 하지만 낙엽은 그것조차 없다.

나무는 언제 보아도 근사하다. 가지를 옆으로 길게 뻗은 나무는 더욱 멋들어진다. 예쁜 여학생이 고운 손을 이리저리 움직여 무용을 하듯이 가지 끝에 소복이 매달린 동그란 잎들이 바람에 날리고 있다. 하늘 높이 우뚝 솟은 고목을 바라보고 있으면 학문을 깊게 닦은 노학자의 모습이 보인다. 수백 년의 긴 세월을 두고 주위의 온갖 것을 보고 듣고 받아서 두루 수렴한 도인과도 같다.

앞으로 남은 생명에 대한 의문이 없고 내일 누군가 고목의 둥치를 잘라 버린다 해도 그 때문에 미리 걱정하는 마음이 없어 보인다. 뿌리를 땅속에 깊게 박고 하늘을 우러르고 있는 고목은 땅의 기운을 그대로 나무의 기운으로 옮겨간 듯한 대자연을 느낀다. 아름드리나무가 두꺼운 껍질을 감고 여기 나의 역사가 기록되어 있다, 하고 말하는 것 같다.

어린 나무는 지나가는 바람에도 흔들리며 여려서 귀엽고 젊은 나무는 왕성함이 넘쳐서 애동대동한 멋이 있다. 아무 곳에나 함부로 서 있어도 자연스럽다. 절벽 끝에 불안하게 붙어 있는 나무는 강인과 인고함을 가졌고 경사진 언덕바지의 나무는 비탈을 제 배경을 만들어 다함없이 서 있다. 여울지며 흐르는 강가 둑에 우뚝 선 나무는 강물과 더불어 펼쳐 보이는 느긋함이 대범해 보인다. 모두가 자연스럽게 자연과 어우러져 있다.

사람도 나무처럼 어느 곳에서나 어떤 방식으로 살아간다 해도 자연스러움을 잃지 말아야 한다. 자연스러움은 마음의 넉넉함이며 몸과 마음의 균형이고 우주와의 조화이다. 그 균형과 조화와 여유를 잃지 않을 때 인생은 더욱 평화롭다.

나는 나무를 사랑한다. 봄이 되면 힘차게 껍질을 뚫고 나오는 새싹에서 생명의 신비로움을 느끼고, 그것들이 오월 첫여름이 시작되면 십오륙 세의 기상 어린 소년처럼 생기에 넘쳐서 시들어가는 나의 마음을 돋우고 긴장시킨다. 세상에 나무가 없다면 얼마나 삭막하겠는가. 고기가 바닷속에서 헤엄을 치고 허공에 새가 날 듯 지상에는 나무가 무성해서 자연을 더욱 자연답게 만든다.

거목이 즐비하게 서 있는 숲속을 거닐고 있으면 나도 나무가 되고 싶은 충동을 느낀다. 갈등과 고민, 불안도 없이 초연해 보이는 자세에 유혹을 받기 때문이다. 수많은 나무가 사방에 빽빽하게 서 있는데도 그들은 싸움을 일으키지 않는다. 너는 너대로 잘 살고 나는 또 이렇게 산다는 존중의 뜻을 보이며 큰 숲을 이루어 공동생활을 하고 있다.

사람은 남의 손이 잘못 닿기만 해도 시비가 붙고 싸움을 벌이는데 그들은 다른 나무 새순이 제 몸에 닿으면 오히려 자신을 오므린다. 가지와 가지가 서로 엉킨다 해도 그럴 만한 사정이 있으리라고 여기는 듯하다.

민족과 민족끼리 싸움을 벌이고 나라와 나라가 충돌을 하는 사람의 사회에는 언제나 전쟁의 불씨가 꺼지지 않는다. 개인들도 작은 이해 앞에서 큰 싸움을 벌이는 사람에 비하면 나무는 신사이다. 완전하며 늠름하게 살아가는 천연의 덕 있는 선비이다.

함안의 소담한 시골 마을 도로변에 느티나무와 이팝나무가 많았다. 새잎이 한창 돋아나는 느티나무와 이팝나무 잎이 아침의 맑은 공기에 서 있는 광경을 보고 나는 저 나무들을 두고 죽을 수 없다는 생각이 충격처럼 몰려왔다. 다른 것은 다 뒤로하고 죽을 수 있다 해도 오월의 저 나무들을 이 세상에 남겨두고는 죽기가 싫었다. 그토록 오월의 연둣빛 새잎 돋은 나무는 나의 전부를 사로잡았다.

세상에서 예술이 아무리 아름답다 해도 오월의 나무를 당할 수 있을까 싶다. 나무는 한갓 생물이다. 움직이는 동물에게는 그 자유가 미치지 못하고 사람에게는 그 지혜가 미치지 못한다. 나무는 산이며 들과 강변, 어디에도 우뚝이 서서 나의 마음을 끊임없이 움직이고 있다. 나무를 사랑하지 않고는 배길 수가 없다.

◈ 역사는 흐른다 ◈

승용차보다는 버스에 사람 냄새가 더 나고 버스보다는 지하철이 더욱 인간적으로 느껴진다. 기차는 한 의자에 두 명씩인데 지하철은 일고여덟 사람씩 앉는다.

지하철에서 앉아 있는 내 옆에 손바닥만한 빈자리가 생기면 서 있던 사람이 꼭 앉기를 원하는 눈길을 보낸다. 그러면 거부 못하고 엉덩이를 뭉그적거리며 자리를 넓혀 준다. 비좁아서 옆 사람과 어깨가 포개져도 서로 아무런 말이 없다. 생면부지의 모르는 사람끼리 얇은 옷을 사이에 끼운 채 몸과 몸이 맞닿은 셈이다. 평상시에는 절대 용납 못할 일이지만 이럴 때만은 있을 수 있는 일로 각자 참고 넘어간다. 옆에 삼십 대의 여자가 몸이 닿은 채 가만히 있다. 나 같은 나이도 많은 남자여서 불쾌할 수 있는데 침묵으로 일관한다. 생활인으로서 사회적 상황을 수용하는 모습이다.

지하철은 앉아서 보이는 맞은편 자리의 풍경이 정겹다. 버스는 남의 뒤통수밖에 볼 수 없는 데에 비해 지하철은 수많은 사람의 얼굴을 정면에서 만난다. 얼굴 전시회 같은 풍경이다. 백발이 된 할아버지가 칠팔십 년의 깊은 인생을 얼굴에 가득 담고 묵묵히 앉아 있다. 인생의 모든 계절을 지나오며 알게 된 체념에서 얻은 허허로운 여유가 보인다.

대각선 위치에 앉은 젊은 남녀가 서로 몸을 의지하면서 밀착해 있다. 병아리처럼 귀엽게 보인다. 남자가 여자의 어깨에 팔을 두르고 얼굴은 닿을 듯이 가까이 접근해 있다. 그런데도 여자는 거리낌 없이 당연한 자세로 익숙하다는 듯 별다른 표정을 짓지 않는다. 남자는 가끔 여자의 귀밑 볼에 뽀뽀를 한다. 사랑스러워서 못 참겠다는 동작이다.

겨울의 농촌 텃밭에 가 보면 방사하는 닭이 많다. 암탉, 수탉이 무리를 이루어 왔다 갔다 한다. 수탉이 한쪽 날개를 옆으로 높게 치켜들고 앞에 있는 암탉한테 애무의 동작을 보이면 암탉은 제자리에 다소곳이 앉는다. 그럴 때 암탉은 표정이 없다. 아니면 몸을 앞으로 재빠르게 뺀다. 거절의 동작이리라. 그러면서도 암탉에게는 저항의 표정이 어리지 않는다. 사람이나 동물이나 애정의 요구에는 수용의 감정이 따르는 모양이다.

옛날에는 젊은 남녀의 지나치다고 생각되는 사랑의 동작을 눈앞에서 보고 있으려면 나에게도 거부감이 일었다. 도덕과 예의의 눈이 작용했었다. 남녀가 허리를 껴안고 길거리를 걷고 있으면 눈길을 다른 데로 돌렸었다. 그런데 지금은 거부의 눈이 마비되어 버렸다. "사랑의 동작에 왜 도덕과 예의가 끼어들어가야 합니까?" 하는 어느 청년의 항의를 들은 적이 있다.

옛날 이광수는 중매결혼의 풍속에다 자유연애론을 내세우다가 당시의 기성세대들에게 호된 욕을 먹었다고 한다. 그랬던 것이 지금은 남의 면전에서 뽀뽀도 한다. 사랑의 행동에 왜 도덕적 감시가 따라야 하느냐고 묻는 청년들의 생각이 자기 본위일까. 아니면 도덕적 잣대로 보는 어른들의 생각이 뒤떨어진 것인지 구별이 어렵다. 다만 분명한 것은 눈의 마비 현상이다.

해방 직후에 있었던 일이다. 포옹하고 뽀뽀하는 영화광고가 화려하게 나붙자 그것을 보고 비판하는 사람이 많았다. 해괴망측하다는 것이었다. 어떤 논객은 신문에 신랄한 비평 기사를 썼다. 한

국의 윤리와 도덕에 맞지 않다는 말이었다.

그 후 고작 이십 년 정도의 세월이 지나고 여대생들의 짧은 치마가 미니스커트로 명명되며 거리에 등장했다. 허옇게 나온 허벅지를 보고 사람들은 눈살을 찌푸렸다. 어느 날 나는 다방에 갔다가 오십 대의 시인을 만났다. 무슨 이야기 끝에 여대생의 치마 이야기가 나왔다. "짧은 치마가 처음엔 싫었는데 지금은 시원하게 보여서 좋다."는 것이었다. 시인이니까 풍조를 받아들이는 감각이 남다를 수도 있겠지만 그에게도 마비 현상이 찾아온 모양이었다. 지금부터 삼십 년 전의 일이다.

한때 정치인의 이합집산을 보고 사람들은 지조가 없다는 말을 많이 했다. 정몽주의 절개도 이야기하고 신숙주의 변절도 언급했다. 그런데 지금은 말이 많이 줄었다. 묵인 같은 감정으로 면역이 되어 간다. 너무 많이 보거나 들으면 그 무엇이 마비되는 모양이다.

영구불변의 법칙은 없다. 상대주의적 진리가 세상을 지배한다고들 말한다. 한 가지가 계속되면 어느덧 새것이 얼굴을 내민다. 그래서 신구의 대립은 언제나 있어왔다. 그러다가 대게는 오래된 것이 뒤로 젖혀진다. 어느 쪽이 옳으냐의 심판도 없이 역사의 책장은 넘어간다. 그래도 좋은 것일까? 하고 의문을 가졌던 사람들도 어느덧 따라가고 있다. 풍습과 문화와 삶의 방식은 시대 따라 변한다며.

◈ 글이 곧 사람이고 인품이다 ◈

글이 곧 그 글을 쓴 사람을 나타낸다면 수필만큼 이에 근사한 말이 없을 성싶다. 소설이 긴 흐름으로 몸짓을 자랑하지만 허구인 이상 작중 인물에서 작가의 모습을 찾기가 쉽지 않다. 수필은 소설처럼 의중대로 인물을 등장시켜 비켜갈 수가 없다. 그러므로 현실적이고 진솔하다. 수필이 선 자리는 사실에서 구축되어 있다. 이런 점이 수필의 강점이다.

수필은 좋으면 좋은 대로 궂으면 궂은 대로 거르고 삭이며 스스로의 삶을 그려가야 한다. 그렇지 않고는 제 인생을 그려 낼 수 없으며 글로써 자기 자신이 될 수도 없다. 글 따로 사람 따로는 수필의 울타리 안으로 들이기가 어려우며 설령 속임수로 들였다고 하더라도 뿌리내릴 수 있는 것이 아니다.

수필엔 개성과 격이 있어야 한다. 이 둘은 서로 개별성이며 경험적 밝기이므로 나란히 같이 가서 수필을 받쳐 준다. 수필에 있어서 독자성의 표현은 원색이나 유행으로부터 자유로워야 한다.

개성이 따르지 않는 글은 신선함도 없거니와 고만고만한 규격품과 같은 것이다. 개성은 자기만이 갖고 있는 색깔을 드러내는 문학성의 요체다. 사람들이 각자 다른 얼굴로 구분할 수 있듯이 자기만의 경향으로 자신의 모습을 새롭고 매력적으로 그려낼 때 구별되는 성격이 된다. 이 고유의 특성은 창작물의 신선함과 공감의 잣대가 되며 무리 중에 드러남의 근거가 될 것이다.

수필은 또한 격이 있어야 한다. 격이란 눈에 보이는 것이 아니지만 높낮이나 밝기와 무게에 따라 다르다. 그것은 마음을 갈고닦지 않고선 지닐 수 없는 것이다. 깊은 감수성으로 상상의 날개를 표현하고 넓혀가서 수필을 문학적으로 승화시키며 경계를 허무는 데에 유리하다. 남겨진 자국을 살피며 자신의 모습을 비춰 보는 속성을 지니고 있기 때문이다. 품위는 위상을 가늠하는 조건이 된다. 좋은 수필은 품위가 따라야 하며 품위야말로 글의 귀천함을 갈라

놓지 않는가.

개성과 격은 수필답기 위한 조건으로 수필문학의 척도가 달려 있기 때문이다. 이런 길은 단순하지 않다. 수필은 형식의 무형식이라고 하지만 형식이 없으면 개별적 형식을 요구한다. 그만큼 다양성이 전제된다. 수필을 이론만으로 쓸 수 없는 것과 같다.

수필의 본성은 변화가 없다. 어떤 형식을 취하더라도 자신의 얼굴이 내비친다. 개성과 격은 잠재하는 것으로 기품을 느끼는 것이다. 노력하여 맑게 닦은 마음과 다짐으로 골몰하면서 설을 삭이고 경지에 이르러야 한다. 개성이지만 튀지 않고 조화롭게 격도 높여 품격을 더하는 것이다.

우선 수필을 쓰는 사람의 마음은 가라앉아야 한다. 잔잔한 수면을 기다려야 한다. 인내와 여유가 필요하다. 들판과 숲속을 거닐며 하늘과 구름과 바람과 시내와 새들과 교감하며 사유의 힘을 길러야 한다. 한적한 사색으로 자신의 허물을 씻으며 세상을 향한 아량을 배워야 한다.

수필은 소설적 허구를 장치한 대궐에 들 수도 없다. 수필에선 굳이 있지도 않은 궁궐을 지을 필요가 없다. 주어진 대로의 모습이면 글이 된다. 안팎이 달라서는 제 모습을 잃는다. 수필은 바쁜 중에라도 깊은 눈길로 삶을 읽고 세상에 대한 성찰의 힘을 길러야 한다. 그리고 무엇보다 수필을 쓰는 사람은 글의 품격과 위상을 위해서도 거울 앞에 서서 제 모습을 비춰볼 일이다.

◈ 여백 ◈

여백은 빈 공간이다. 공간이 비어 있다는 것은 여백의 많은 것들을 상상하게 해 준다. 비어 있어서 마음이 불안할 때도 있고, 마음의 여유와 평안을 줄 수도 있다. 무엇보다 여백은 무한한 메시지를 줄 수 있으며, 많은 것들이 생략되어 보이지 않지만, 여백을 통해 비로소 보이지 않는 부분에 응시할 수 있는 의식의 흐름을 유도하기도 한다. 그래서인지 여백은 늘 기다리는 표정을 가지고 있다.

나의 집 앞에는 작은 개울이 흐른다. 너비 이십 미터가 됨직한 완만한 곡선의 길쭉한 개울이다. 물이 마르기 시작한 지 삼 년째란다. 처음 이곳에 집을 보러 왔을 때는 물이 흘러가고 있었다. 개울이 이사의 중요 조건으로 꼽혔었다. 장차 물이 불어나면 큰 강의 고기가 거슬러 올라올지도 모르겠다는 상상도 했다.

이사 한 며칠 뒤, 나는 상류 쪽으로 올라가 보았다. 시오리쯤 간 곳에 높은 산이 있었다. 자황산이라 했다. 개울의 근원은 그 산에 있었다. 올라갈수록 물의 양이 많아졌다. 오염될 조건이 아무것도 없어서인지 맑은 물이 흘렀다. 그렇게 두런두런 흐르던 시냇물이 지금은 말라붙어 버렸다. 일 년이 넘도록 바닥을 드러내 놓고 있다. 큰비가 쏟아지면 소리를 내면서 야단스럽게 흘러가지만 한 달이 못 가서 금방 바닥이 드러난다.

나는 가끔씩 집으로 가는 길에 콘크리트 다리 위에 서서 말라버린 개울의 바닥을 한참 동안 들여다본다. 자갈과 모래와 큰 돌들의 알몸이 그대로 드러나 있다. 위쪽을 보기도 하고 아래로 내려가서 들여다보고 있노라면 지구의 창자가 드러난 것 같아 마음이 편치 않다. 물들은 모두 어디로 사라졌는가. 물소리는 어디로 숨어버렸는가.

수량이 풍부할 땐 찰랑찰랑 다양한 소리를 내던 개울이 지금은 말없이 하늘만 쳐다보고 있다. 물기 없이 무언가 놓치고 잃어버린 표정이다. 제자리에 있어야 할 사물의 없을 때의 여백은 분명 미완

성의 공간으로 사람 심리를 불안하게 한다. 말라버린 개울의 여백 앞에서 비로소 우리가 그동안 무엇을 놓치고 살아왔는지, 무엇을 잃어버렸는지를 다시 생각해 본다.

내가 살고 있는 아파트는 조그마한 농촌 기슭에 위치하고 있다. 새가 공중을 날아다니다가 때때로 아파트의 둘레를 빙빙 돈다. 날고 있는 광경을 바라보면서 나는 마음의 여백을 느낀다. 아파트 옥상과 기슭을 놀이터로 삼고 대여섯 마리씩 무리를 지어 돌고 있는 것을 보고 있으면 내 마음이 후련해진다. 세상은 이것과 저것이 한데 어우러져 커다란 조화를 이룬다. 그 자리에는 대게 여백이 한몫한다. 이때의 여백은 비어있음으로써 다른 사물들을 더욱 부각시키는 여유와 생성의 공간이다.

지하철은 대부분 땅속에 깔려 있다. 지하를 달리다가 지상으로 올라가면 갑자기 시야가 확 트인다. 산과 하늘이 보이고 푸른 들녘이 나타나곤 한다. 멀리 철길 아래로 도시의 다닥다닥 붙은 집도 보이고, 고층 건물도 우뚝우뚝 서서 찬란한 허공 속에서 빛나고 있다. 그 광경이 나에게는 여백 속의 그림처럼 관망되어 다양한 기억들을 소환하는 풍경으로 다가온다.

우주의 허공 역시 여백이다. 별과 달과 해, 지구와 구금 사이가 모두 텅 비어 있다. 허공에 때때로 비행기가 지나간다. 독수리같이 유유히 날개를 펴고 나아간다. 허공이 없었다면 비행기의 존재도 아무런 쓸모가 없을 것이다. 공간이 없는데 어디에다 날개를 펴랴.

노년은 인생의 여백이다. 하던 일을 다 놓아 버리고 머리에 흰 눈을 인 채 서둘지 않는 걸음으로 거리를 다닌다. 빈손이 되어 몸도 왜소해진다. 비어야 떠나기가 쉽다. 가벼워야 날기가 좋다. 몸은 땅에 있지만 마음은 날아서 어디론가 간다. 그리하여 인생의 끝을 눈앞에 두고도 초조하지 않다. 속에는 아직 덜 꺼진 불씨가 있을지라도 겉에선 보이지 않는다.

살이 빠지고 기운이 없고 다리가 휘청거리지만 표정은 이제 맑은 빛이다. 어느 날 훌쩍 떠난다 해도 미련이 없다. 미련 따위는 세월 속에서 이미 하나둘씩 놓아 버렸다. 노년의 인생의 여백은 비어 있으되 꽉 찬 여백이다. 그 여백은 만지거나 보거나 쉽게 말로 규정할 수 있는 성질의 것이 아니지만, 그것은 나와 타자, 안과 밖, 중심과 주변과의 관계를 통해서 끊임없이 확장하면서 새로운 의미를 형성하고 다양하게 작용한다.

사람의 마음속에도 여백이 있다. 여백 속에서 세상을 본다. 봄 여름 가을이 가고 겨울이 오는 추위도 본다. 그 속에서 움직이는 생명이 곧 자신임을 깨닫기도 한다. 마음의 여백은 무한대이다. 우주가 들어간다 해도 여백은 남는다. 그러고 보면 여백은 스스로 만드는 것인지도 모른다. 마음의 여백이야말로 삶을 향한 진정한 공간, 많은 것을 느낄 수 있는, 정신적 여유와 상상의 통로인 것이다.

작품 해설

작품 해설

새로운 세계 질서에의 꿈

– 김종민의 수필 세계

허상문
(문학평론가, 영남대 명예교수)

1. 언어의 질서, 세계의 질서

세계는 이야기로 구성되어 있고 이야기로 진행된다. 그렇다는 것은 세상살이가 언어와 같은 질서를 지니고 있다는 말이기도 하다. 그리하여 세계는 역사를 만들고 철학을 만들고 문학을 만든다. 세계가 언어의 질서를 지니고 진행되는 한, 그것은 문학적 담론의 대상이다. 문학적 담론을 하는 작가란 세계의 의미와 양상을 면밀히 검토하고 그것을 언어로 표현하고자 한다. 그러한 검토와 표현의 과정에서 문학이 탄생한다. 모든 문학 텍스트는 작가가 바라보는 세계에 대한 사고의 결과물이다. 인간현실에 착종하고 있는 언어의 주체는 무엇인가. 그것은 주어진 세계 현실을 언어로 옮긴 정신이다. 그런 의미에서 작가는 원래 세계를 넘어서서 또 다른 세계를 만드는 사람이며, 세계의 의미와 주체로서의 자아를 담지하는 언어를 만들어 내는 사람들이다. 그들에 의해 만들어지는 언어는 하나의 질서를 만들어 내게 되고 그것은 곧 세계의 질서가 되기도 한다.

김종빈 수필집『내 마음에 핀 민들레』에는 우리 수필계에서 흔히 보는 수필들과 달리 세계와 삶의 질서, 그리고 언어의 질서에 대하여 깊은 우려와 고민을 드러내고 있는 작품으로 가득하다. 이러한 작가의 인식은 세계와 삶의 현실에 대한 깊은 '전망(perspective)'을 지니고 있기 때문에 가능한 일이다. 문학에서 전망이란 무엇인가. 문학적 서술 행위는 언어적 기표의 제시이지만, 이는 곧 역사나 현실의 알레고리적 재현이다. 말을 바꾸면, 작가의 중요한 임무의 하나는 역사와 현실의 모습과 문제점을 진단하고 묘사해내는 것이고, 그럼으로써 억압되고 매장되었던 현실을 텍스트의 표면으로 복원시켜 그 사회 역사적 의미를 다시 회복하고자 하는 것이다.

일견 김종민의 작품을 읽으면 그의 문학은 다분히 비참여적이고 탈이념적인 성격을 지니고 있는 듯하다. 더욱이 "문학이 어떤 목적의 수단이나 방편이 되어서는 곤란하다는 것을 늘 새기고 있다." 라거나 "문학이 사회적 기능에 발을 들여놓게 된다면 끝내 이념에 각색되어 그 도구로 전락하게 되는 것은 불을 보듯 뻔한 일이다. 문학이 문학 운동의 영역을 벗어나 특정한 이념의 수단으로 참여하는 것을 경계하고 있다."(〈나의 문학관〉)라는 작가의 발언을 보면 더욱 그러하다. 그러나 문학에서 참여란 작가의 관념 주체가 삶의 현실에 대해 적극적인 관심과 긴장으로 맞서는 것에서 출발한다. 이런 점에서 김종민의 많은 작품은 삶에 내재하는 현실에 대한 긴장감을 잠시도 멈추지 않으면서 이를 부정의 계기로 삼으면서 자기인식의 정합으로 나아가고 있다는 사실은 다분히 참여적이다.

특히 자신의 문학이 삶을 위한 것이어야 하고, "삶의 궤적을 그려가는 피할 수 없는 노정"이며, "문학은 이 걸음을 함께하는 벗이며 언제나 오염된 삶을 씻어 주며 더 높은 경지로 안내한다. 힘들면서도 현실 속의 비현실적인 이 여정을 포기할 수 없는 것"(〈나의 문학관〉)이라는 그의 문학관은 다분히 현실 참여적이다. 참여적이든 아니든 김종민의 수필을 읽으면서 우리가 무엇보다 주목하게 되는 것은 그가 문학적 언어와 현실의 상관관계를 선지적으로 인식하기 위해 노력하는 사람이라는 사실이다. 그래서 '작가의 말' 〈나의 시 나의 삶〉 〈나의 문학관〉 〈글이 곧 사람이고 인품이다〉와 같은 작품에서, 자신의 삶과 문학은 동일한 지향성을 지니고 있다는 사실을 토로하면서 이런 문학관을 우연이 아니라 숙명으로 받아들이고 있다고 말한다.

> 내 삶의 지향성이 문학과 맥을 같이하고 있음은 어쩔 수 없다. 나는 미지의 세계에 대한 그리움을 지니고 있고 그곳으로 통하는 외로운 과정이다. 그러나 포기할 수 있는 노선이 아니다. 나의 삶의 궤적을 그려가는 피할 수 없는 노정이다. 이 길은 홀로 더욱 순수해진다. 문학은 이 걸음을 함께하는 벗이며 언제나 오염된 삶을 씻어 주며 더 높은 경지로 안내한다. 힘들면서도 현실 속의 비현실적인 이 여정을 포기할 수 없는 것이다.
>
> —〈나의 문학관〉에서

작가가 문학을 통하여 "힘들면서도 현실 속의 비현실적인 이 여정을 포기할 수 없는 것"은 이 세계와 현실의 질서를 바꾸고자 하는 꿈을 꾸고 있기 때문이다. 그러할 때 작가에 의해 이루어지는 언어를 위한 시간은 곧 세계를 새롭게 만드는 데 바쳐지는 시간이기도 하다. 또한 우리의 삶을 위한 궁극적 공동체의 꿈을 상기시키고, 소외된 개인과 혼미한 역사와의 화해를 도모하는 것이 문학의 진정한 역할이기도 하다. 이런 의미에서 문학이라는 행위는 인간과 세계의 올바른 진화 과정과 질서를 구축하기 위한 노정에 서 있는 것이라고 해도 지나치지 않다.

또한 그러할 때 문학이란 언어를 기호 삼아 인간의 최종심급으로서의 신념과 행위의 어떤 규칙을 발견코자 노력하는 기호 행위의 일종이라고 말할 수 있다. 김종민의 내부에서 아우성치는 언어는 때때로 삶을 들끓게 하며 삶을 간섭하게 하고, 또한 "생으로 저벅이는 언어들을 나는 고요히 품을 것"('작가의 말')이라는 발언은 언어에 대한 작가의 애정을 여실히 보여주는 것이다. 김종민의 작품은 언어에 대한 헌신을 통하여 삶과 세계의 현실에 대한 문제점과 그에 대면하고자 하는 작가 의식을 발현시키고 있다.

2. 참여적 언어 예술로서의 수필 문학

같은 산문 양식인 소설과 달리 수필 문학은 작가의 사유가 무엇보다 직접적으로 드러나는 것을 특성으로 한다. 모든 문학에서 미학적 실천 과정으로 작가의 사유가 담겨야 하는 것은 당연한 현상이지만, 수필은 다른 문학 장르보다 작가의 사색과 감정이 더욱 분명하게 드러나는 텍스트임이 분명하다. 특히 참여적인 언어 예술로서의 수필 문학은 감상자들에게 현실적 삶의 모습을 전달함으로써, 독자에게 삶의 모습을 선취하는 경험을 제공한다. 그럼으로써 수필은 현실을 부정하거나 현실에 적극적으로 개입하기도 한다. 이 경우 수필 작가는 현실에 나타나는 현상에 대해 더욱 분명한 세계관과 가치관의 표명을 요구받게 된다. 예컨대 김종민의 수필 〈남도 여행〉의 한 대목을 읽어보자.

> 어여쁜 꽃이 폈다고 따뜻한 봄이 왔다고 말을 하기에는 우리가 살고 있는 이 땅이 아직은 춥고 배가 고픕니다. 이라크 전쟁에다 북한 핵 문제며 대구 지하철 참사까지 겹쳐 나라 안팎이 어수선합니다. 이럴 때일수록 천 년 전 운주사 석공들과 팔십 년대 광주 시민들을 떠올립니다.
>
> 봄은 기다리는 사람에게 그냥 공짜로 오는 법이 아니지요. 아프게 앓고 슬프게 참고 피 흘리면서 싸운 사람들에게만 오는 것임을 새삼 깨닫습니다. 들녘에 향불 사르는 연기처럼 아지랑이가 어른거립니다. 아지랑이 속으로 당신이 환하게 웃음 짓고 달려오는 모습이 보입니다. 종묘 공원과 광화문, 시청 앞을 바쁘게 뛰어다니며 반전과 평화를 위해 싸우는 당신 모습도 함께 말입니다.
>
> —〈남도 여행〉에서

문학은 공동체의 사고와 정서에 의해 조직되기 때문에 언어 예술로서의 문학은 현실적일 수밖에 없다. 〈남도 여행〉에서 잘 묘사되고 있듯이 우리 삶의 현실은 조용할 날이 없다. 시간이 지난 사건들이지만, 이라크 전쟁에다 북한 핵 문제며 대구 지하철 참사까지 겹쳐 나라 안팎이 어수선하다. 이런 현실을 알리기 위해 종묘공원과 광화문, 시청 앞을 뛰어다니며 반전과 평화를 위해 싸우는 사람들이 바쁘다. 인간 세상에는 언제면 봄이 오려는지, 봄이 온다면 "아프게 앓고 슬프게 참고 피 흘리면서 싸운 사람들에게만 오는 것"인지 알 수가 없다. 김종민의 현실적 사유에서 발견되는 인식은 다분히 관념과 실재라는 상반된 세계의 현실성이다. 관념의 세계와 실재의 세계라고 지칭할 수 있는 두 개의 세계가 있다고 할 때, 김종민이 말하는 현실이란 어느 하나의 세계에 국한되지 않고 두 세계 모두를 포괄한다. 관념의 예술로서의 문학은 현실 내재적 사유를 포함하지만 동시에 문학은 현실에 맞서고자 하는 상상력과 함께 탄생한 예술이므로 항상 현실 부정적인 성격을 지닌다.

이런 세계관에 의하면, 문학은 비극적인 이율배반의 운명을 지닐 수밖에 없다. 우리는 이 세상에서 모두 다른 직업과 신분, 다른 나이와 경력에 따라 다른 모습으로 살아가게 된다. 그래서 "어떤 높낮이도 허용하지 않는 바다 같고 강 같은, 물과 같은 세상"(〈남도 여행〉)은 존재하지 않는 것인지 모른다. 이런 세상에서일수록 작가는 공사판에서 만난 〈스승 김인권 반장〉 같은 사람을 사랑하게 된다. "수평과 수직을 정확하게 보는 법/ 무엇보다 사람 좋아하고 사랑하는 법/ 평생을 막노동판에서 일하다 결국/ 그 무대에서 쓰러진 행복하고 불행한 사람"(〈나의 시 나의 삶〉)이야말로 작가가 사랑하는 사람이고 이 세상에서 필요한 사람이다. 그렇지만 오늘날 우리는 '회전문'과 같이 정신없이 돌아가는 세상에서 살고 있다.

> 모든 일이 너무 정신없이 빨리 돌아간다. 때로는 삶의 궤도를 좀 느슨하게 늦추고 싶어도 돌고 도는 유리문 앞에서처럼 현기증과 당혹감이 들 때도 많다. 언젠가는 회전문에 떠밀리듯이 세상의 한편으로 밀려나 버릴지도 모른다는 생각이 든다. 자동차로 내달리고 에스컬레이터에 두 발을 올린 채 그렇게 딴 겨를이 없이 서두르지 않아도 목적하는 곳에 도착할 것이다.
>
> 회전문 앞에 설 때면 나는 이 세상에서 내가 차지하고 있는 공간에 대한 불확실성을 첨예하게 느끼곤 한다.
>
> ―〈회전문〉에서

작가에 의해 '회전문'으로 표상되는 이 세상에서 좋은 세상을 만들고 지탱하는 데 가장 중요한 일의 하나는 우리가 어떤 세상에서 살아가는가를 제대로 읽어내는 일이라 할 수 있다. 자신이 살아가는 세계에 대한 자각은 이야기를 만들고 이들이 문학이다. 문학에는 인간의 선과 악, 꿈과 욕망, 사랑과 배반이라는 차이에 대한 존중과 그것들을 확장하는 이야기들로 가득 차 있다. 그것들을 연결해주는 상상력의 힘은 곧 언어 능력의 고도화이며, 문학의 존재 이유이기도 하다. 작가는 이 시끄럽고 어지러운 세상에서 힘들수록 마음을 가다듬고 한 발짝 뒤로 물러서서 관조하며 살아가는 여유가 필요함을 강조한다. 이는 흡사 "눈 오는 날이 이런 차분함이 되살아나는 날입니다. 잠시 힘에 겨운 삶의 굴레를 벗고 꿈의 나래를 펴기에 좋은 날입니다. 그 염원은 이루어지지 않더라도 좋습니다. 소원을 품은 자체로 행복하기 때문입니다."(〈눈 오는 날〉)라고 힘주어 말한다.

이런 의미에서 김종민의 수필은 다분히 역사철학적 성격을 지닌다. 그는 삶의 혼돈과 정신적 궁핍의 현실 속에서 개인과 집단의 삶의 흐름을 유기적으로 연결시키는 방법으로 우리 시대의 상실을 극복하고자 한다. 이는 곧 문학의 힘을 통하여 시대의 어려움을 인식하고 극복하는 수단이라고 여기는 것이다. 이런 의미에서 김종민의 수필은 문학이 어떻게 이 시대에 잘못된 삶의 모습을 극복하는 대안일 수 있는가에 대한 진지하고 신념 어린 질문을 계속 던진다. 작가는 현대적 삶이 지닌 '공간에 대한 불확실성'을 극복하기 위한 방편으로 무엇보다 현대인들이 지닌 소외와 고립을 극복하기 위한 공동체 의식을 강조한다.

3. 개인과 집단을 위한 공동체적 상상력

앞서 우리는 언어는 집단의 시고와 정서에 의해 소직된 '관념'이기 때문에 문학 언어는 현실에 참여적일 수밖에 없다는 점을 이야기했다. 마찬가지로 문학 작품을 쓴다는 것은 작가의 인식을 통한 현실과 언어와의 싸움이라는 측면이 강하다. 작가의 언어 행위 자체가 공동체의 효용을 위한 도구이기 때문에 언어를 선택하여 문학 행위를 하는 작가는 이미 공동체의 현실에 긴밀히 참여하는 것이다. 따라서 문학이 언어의 예술이기 때문에 문학이 공동체의 사고를 담고 있음은 당연하다고 할 수 있다.

이미 이야기했듯이, 김종민은 언어를 통해 문학과 현실을 결부시키고자 한다. 그의 지적 관심은 문학에만 국한되지 않았고 삶의 현실 전반으로 뻗어 나간다. 삶의 현실 속에서 자신의 사유를 전개하기 위한 뚜렷한 자의식을 지닌 것으로 보이는 김종민은 현대

사회의 개인과 집단의 삶의 본질적 모습에 대한 깊은 인식을 보여주고 있다. 이를테면 오늘날의 삶에서 많은 사람이 가장 중요한 가치로 여겨지는 '소유'와 '편리함'에 대한 작가의 인식은 결코 예사롭지 않다.

소유물은 우리의 삶을 윤택하게 만들고 편안함을 줄 수 있는 정도면 족하다. 독일의 건축가 미스 반 데어 로에의 '적을수록 많다.'는 말에서 짐작할 수 있듯이 적게 소유한 만큼 소유하지 않은 것을 얻을 기회를 갖는 것이다. 반대로 적게 소유하기 때문에 자기가 가진 것을 백 퍼센트 사용할 수 있는 더 많은 계기를 얻는 것이다. 편리는 편하고 이로우며 이용하기 쉬운 것을 의미한다. 편리한 물건은 동선을 최소화하고 작업 시간을 단축시키기 위해 필요한 것이다. 그런데 생각해 보면 작업할 때 동선을 극소화하기 위해서는 작업 공간을 단출하게 하면 되고 시간을 줄이기 위해서는 한 가지 작업에 집중할 수 있도록 잡동사니를 비워내 도구와 작업 과정을 단순하게 만들면 된다.

—〈소유의 모순〉에서

현대적 삶에서 사람들은 자신의 삶을 윤택하고 편리하게 만들기 위해서 더 많은 것을 소유해야 한다고 생각한다. 삶의 가장 중요한 미덕으로 여기는 편리함은 더 많은 도구를 이용함으로써 이루어진다고 여긴다. 그러나 우리에게 꼭 필요한 것만을 소유하여 삶을 누리는 태도가 무엇보다 필요하다고 작가는 생각한다. 게다가 간소한 생활을 하다 보면 살아가는 데 있어 반드시 필요한 물건은 생각보다 그렇게 많지 않은 것도 사실이다. 검소함과 비움의 미덕은 어느 사회의 누구에게나 변치 않은 소중한 진리이다. 기실 현대사회가 잘못되어가고 있는 것은 지나친 소유와 욕망 때문이라 할 수 있다.

그래서인지 우리는 들판에서 일하는 농부와 그들의 땀흘리는 노동의 의미를 망각해 가는 세상에 살고 있다. 세상의 많은 사람은 농부의 땀방울과 보람을 외면하고 너무 쉽게 무언가를 이루려 하고 땀 흘린 결과를 쉽게 보는 경향마저 있다. 그로 인해 세상은 일확천금의 그릇된 욕망으로 뒤엉켜 있기 일쑤이고 무엇이 값진 삶인가를 잊은 채 화려한 무지개를 잡고자 한다. 이런 풍조가 고쳐지지 않는다면 농부의 가을은 을씨년스럽고 붉은 사과가 퇴락해 보일 수밖에 없다.(《땀과 바꾼 미소》) 농부의 땀과 보람을 통하여 작가는 공동체적 인식을 일구어낸다. 작가는 '공동체의 인식'과 '꿈꾸는 삶'이라는 두 개의 상반된 개념을 병치시킨다. 그러면서 사람들에게 오래된 과거를 상기시키고 미래를 기대하게 만드는 것이 문학의 역할이라고 강조한다. 원시적인 농촌 사회는 그러한 전형의 모습을 간직하고 있었다.

옛날의 농촌은 영원한 원시 지역이었다. 그 속에서 살았던 나의 소년 시절은 들녘에 서면 목동이었고 물에 들면 물개고 산기슭에 앉으면 토끼였다. 나는 산이 되었고 하늘이 나였으며 물도 나였다. 그곳에선 높은 지식이 다 무슨 소용이 있으랴. 태곳적부터 있어 온 자연뿐이었다.

한낮의 땡볕이 물러나고 강변에 산그늘이 드리워지면 나는 강 속에 선 작은 어부가 된다. 낚싯대를 들고 수면을 바라보고 있으면 손가락만 한 피라미가 풀쩍풀쩍 뛰어오른다. 수면 위에 까닥거리는 파리를 붙잡기 위해서다. 그러나 파리가 아니다. 속임수로 만든 파리낚시다. 털 속에 날카로운 바늘이 숨어 있는 것을 모르는 고기들은 입이 꿰어지면 반사적으로 요동치며 허공에 몸을 드러낸다. 그때 나의 팔에는 감격의 몸서리가 일어난다. 그 쾌감은 온몸에 전율로 달리는 즐거움이다.

―〈웃고 뛰고 춤추는 계절〉에서

김종민은 어린 시절 시골에서의 자신의 체험이 흡사 원시 지역의 원초적 생활 양식이었던 것처럼 인식하며, 그 옛날 원시인들에게서 이런 삶이 이루어졌을 것이라고 추측해 본다. 그들과 동일한 삶을 살 수 있을 가능성은 없는 것이지만, 작가에게 원시인과 같은 삶을 살고 인식하고자 하는 상상력을 발현시킨다. 이렇게 작동하는 상상력은 현대적 인간은 다시는 원시인과 같은 삶으로 돌아갈 수 없다는 귀환 불능의 의식을 만든다. 새로운 삶의 가능성을 상상할 수 없었던 원시인에게는 세계가 완결돼 있었고 현실이라는 개념을 새롭게 사유하는 자체가 존재하지 못했다.

현실 인식의 계기로서의 문학은 유토피아적 상상력을 꿈꾸며 원시시대를 상기시킨다. 현대는 분열의 시대이지만, 원시사회는 화해의 시대였다. 해소될 수 없을 만큼 갈등과 분열의 골이 깊어진 현대사회에서 다시 원시의 공동체적 삶을 상상하도록 이끄는 것이 문학의 역할이라고 작가는 생각하고 있다. 여태 인류가 쌓아온 문명을 버리고 원시로 회귀하자는 것은 아니지만, 최소한 원시적 삶의 모습을 통하여 우리의 현재와 미래를 새롭게 생각해보자는 것이 작가의 주장이다. 〈말이산 고분〉 〈잡초〉 〈지금 그곳엔〉 〈눈오는 날〉 〈내 마음에 핀 민들레〉 같은 작품에서 반복적으로 나타나는 자연에 대한 사랑과 꿈꾸는 유토피아적 삶에 대한 동경은 모두 "자연으로 돌아가기 위한 작업"의 의지라 할 수 있다. 자연에 대한 사랑의 눈으로 보면 길거리의 들풀 하나, 함부로 피어나는 잡초에게서도 "지구를 꾸미고 가꾸는 파수꾼이요, 가장 부지런한 생명의 일꾼"의 모습을 볼 수 있다.

뽑고 뽑아도 다시 돋아나는 풀, 잡초. 환경적 조건이 좋지 못한 곳에도 저희들끼리 뿌리내려 쑥쑥 자라나는 풀이다. 어떻게 보면 잡초는 고마운 존재인지도 모른다. 사람이 일부러 가꾸지 않아도 저절로 나서 자라 이 땅을 푸르게 만들어 주는 잡초야말로 지구를 꾸미고 가꾸는 파수꾼이요, 가장 부지런한 생명의 일꾼이라 할 수 있겠다.

—〈잡초〉에서

작가의 자연에 대한 관심과 자연을 사랑하는 마음은 생명의 소중함에 대한 인식을 통해서 극명하게 드러난다. 이 세상과 인간, 그리고 자연에 대한 작가의 사랑법은 그야말로 공동체적 삶의 가치를 소중하게 여기는 생태적 인식이라고 할 수 있다. 지금 우리에게 중요한 것은 문학 형식으로서의 수필이 아니라 이 세상과 자연에 대한 생태적 마음을 글쓰기로 표현해내는 것이다. 생태적 사고라는 것은 본질적으로 이 세상의 모든 생명을 하나의 동일한 가치로 보는 사고방식이라고 할 것이며, 세상과 자연의 모습과 그 생명성에 대한 폭넓은 사유라고 할 수 있다. 그렇다고 할 때, 삶에서와 마찬가지로 문학에서도 어린 시절 시골과 자연의 체험이 중시되고 그러한 정서적 경험이 글쓰기의 중심 내용을 이루어야 할 것이다. "눈을 감으면 온 마을 할머니도 할아버지도 새색시까지 돼지와 닭이며 강아지를 이고 지고 선착장에 서 있던 모습이 선연하다. 첫사랑처럼 이토록 가슴속에 간직되어 있다"(〈지금 그곳엔〉)라는 고향과 자연과 생명을 사랑하는 푸른 생태적 마음이 없다면, 이 세상에서 문학의 존재 의미도 사라질 것임이 틀림없다.

김종민 글쓰기에서 생태적 인식은 공동체 사회로 나아가기 위한 이념을 근간으로 삼고 있으며, 이는 곧 우리 사회에서 사라져가는 공동체에 대한 그의 갈망을 반영하는 것이다. 지금 우리 시대의 문학은 이익 사회에 묶인 인간의 분열된 감성만을 반영하고 있다. 그래서 우리의 문학은 생태적 인식 속에서 공감과 사랑의 시간 속에서 공동체적 삶을 꿈꾸어야 할 시간이다. 자본주의 사회에 의해서 규정지어진 소외와 고립의 삶의 조건들을 넘어서서 아름다운 공동체의 삶을 이루고자 하는 노력 속에서 진정한 문학은 창조될 수 있다. 김종민의 문학은 그러한 노력에 가까이 다가서기 위한 노고로 충만하다.

4. 맺으며

좋은 작가의 작품은 자명한 사실에 의문과 반론을 제기함으로써 인식의 지평을 확장하고, 너와 나를 비롯한 우리 모두의 인간다운 삶을 새롭게 펼칠 수 있는 장(場)을 만들어 갈 수 있다. 김종민의 수필들은 개인과 집단의 삶을 성찰하여 존재의 확장성을 부단히 시도하고 있다. 더 나아가 공생의 윤리 위에 세계의 새로운 모습을 창조하고자 하는 의지로 가득 차 있다. 말하자면 김종민의 수필은 자신의 사유를 꾸준히 확장해 나가면서 깊이와 정합성을 확보하는 가운데 이루어질 인간 공동체를 지향하는 유토피아적 상상력으로 구성되어 있다. 김종민은 개인과 공동체의 화해와 평등한 공동사회의 꿈을 상기시키는 것이 진정한 문학의 역할이라고 여기고 있다. 삶의 희망을 위한 꿈이 사람들을 즐겁게 하고, 그 꿈을 실현하고자 하는 의지를 고무시킨다는 점에서 그의 문학은 현실적 효용을 지닌다.

김종민의『내 마음에 핀 민들레』에 실린 많은 작품은 개인적 사고를 집단적 역사적 사유로 끌어올리고자 노력하고 있다는 점, 현대적 삶에서 야기된 인간 정체성 상실의 상황을 공동체적 상상력에 대한 열망으로 승화시키고자 한다는 점에서 문학적 가치가 돋보인다. 개인과 집단, 인간과 역사가 불화하는 오늘날과 같은 사회에서 삶의 현실에 대한 작가의 상상력은 두드러진다. 김종민의 수필은 우리 수필계에서 흔치 않게 개인과 공동체의 화해를 통하여 새로운 세계 질서에의 꿈을 열망하고 있다는 점에서 뜻깊은 문학적 의의를 지니고 있음에 틀림없다.

김종민 수필집
내 마음에 핀 민들레

인쇄 2023년 4월 25일
발행 2023년 5월 01일

지은이 김종민
발행인 서정환
펴낸곳 수필과비평사
주 소 전라북도 전주시 완산구 공북1길 16(태평동 251-30)
전 화 (063) 275-4000
팩 스 (063) 274-3131
이메일 essay321@hanmail.net
출판등록 제300-2013-133호
인쇄 · 제본 신아출판사

ISBN 979-11-5933-473-3 (03810)
값 15,000원
Printed in KOREA